偉大なる仏教への門

Koji Komiya 著

まえがき

本書は、いわゆる〝宇宙論〟。

今から二五〇〇年前にアリストテレスが浜辺に座り、海を見ていると一艘の帆船がこちらに向かって来るのが見えました。それは始めに帆先、船体、そしてその船の全体が順を追って見えて来て、その時アリストテレスは「地球が丸い」ということを発見しました。

そしてガリレオが地動説、さらにニュートンがこの目に見える世界の物質は皆、連動しているということを発見し、それを「万有引力の方程式」に表わしました。

さらに、アインシュタインが相対性理論において、この物質世界は宇宙が始まる前の真空の中に生まれた意志によって動いている事、その意志に従い、ひとつの空間が光より遅い速さの粒子の集まりによって出来ていること。さらにその空間の中に肉体を持った人間は、一人ひとりが別々な時間を生きていることを発見しました。

そしてニールスボーアによって、それぞれの人間は物質であると同時に真空でもあり、五感ではお互いに同じ空間に一本の流れを生きているように見えますが、実はそれぞれが瞬間、瞬間分岐し、可能性の世界が無限に広がっていることを「多世界解釈」と名付け、ハイゼンベルクが真空の中に位置が決まり、空間の中にあなたが肉体を持って生まれると、そこから五分後のあなたが何をしているのか、あなたには未来の選択が無限にあることを「不確定原理」を発見し、そしてエヴァレッタがその仕組みを「並行世界」と名づけました。そして、ビッグバンは真空の中に自然に起こったものではなく、ひとつひとつの宇宙にいる人間の方が、何らかの方法を使って起こしたため、この世界を人間が理解できる「人間原理」で出来ていることをホーキングが提起しました。

つまり、現代科学でわからないことは、この可能性に満ち満ちた宇宙の構造を、このビッグバンを、空間の中に住む誰がどのような方法で起こし、人間はこの世界で何をすべきために生きているのか、これが最後に人類に残された、たったひとつの問いとなったのでした。これを「統一場理論」と言います。

そして、この人間世界に生まれて来て、この問いを解き明かし、自らビッグバンを起こした人こそ、実は〝ブッダ〟であり、その答えを彼の人生の歩みと共に解き明していくのがこの一冊なのです。

つまり、「この宇宙をブッダがどのような方法で何の目的のために起こし、我々が今この世界に何を目的として生きて行くべきか」ということが明らかになります。

この人間にとってたったひとつだけ残された、人間存在の根本的目的の全てを解決するのがこの本であり、それを解き明かした人こそ目覚めた人、ブッダなのです。

そのブッダの人生をこの本で追体験し、あなたもブッダとなり、ビッグバンを起こし、新しい宇宙を生み出す存在となって下さい。

彼の教えである仏教では、この宇宙のはじまりを理解し、完成させるプロセスを四段階にして説明しています。

1．アラハンの悟り
2．大菩薩の悟り
3．如来の悟り
4．如来のジュキにおける全創造世界の完成

この四番目に記述した『ジュキ』というものを理解した時、あなたはブッダとなるのです。

著者

偉大なる仏教への門　◎目次

第1部 探究

～なぜこの宇宙は生まれたのか～

1　シャカ国

〝お釈迦様〟という人は、本名をゴータマ・シッダールタといい、今から約二五〇〇年前、現在のネパールに属する地域の一角、ヒマラヤのふもとにあるシャカ族という部族が治める小国の王の子供として生まれました。

シャカ族の人口や何語を話していたかは、今も誰もわかっていません。ただ仏典の一部に、シャカ族はコーサラ国という、当時マガダ国とインドを二分していた大国のひとつに属していたという記事があることから、どうやらコーサラ国の一領主国だと推測されます。また、使用人にいたるまでが白い米を食べていたという記述から、勤勉で働き者、そして農業によって栄えていた国ではないかといわれています。

当時のインドには、バラモンというお坊さんを頂点としたカーストという階級制度があり、この世では武人や商人よりも、神の意志をこの世界に伝えるお坊さんが一番偉いのだという考え方が、この国にはありました。

今もそうですが、インドのお坊さんは大きなお寺を国土の各所に経営し、祭式を執り行い、さしものコーサラやマガダといった大国の王様や大臣たちもいずれかのお寺の檀家になっています。王といえど、しかるべき神に帰依し奉るといった風習を無視できず、バラモンというお坊さんには頭が上がりませんでした。

　また、当時からインドには「ヨガや瞑想を通し悟りを開く」というひとつの精神文化が根付いており、こうしたバラモンとは別に、チャクラを開き二〇〇人、三〇〇人といった弟子を持ち、教団を構え、地域の信仰を集めたり、人々に教えを説く聖者を敬う文化がありました。

2　アシタ仙人の予言

　そんな時代、修行を積み、カーストを越え聖者となったひとりに〝アシタ仙人〟と呼ばれる人がいました。この人は当時シャカ族の領土からさほど遠くない、ヒマラヤの中腹に弟子たちと住み、アシュラムを構える立派な聖者でした。

　この聖者アシタがある日、瞑想中にひとつの啓示を受けます。それは、ヒマラヤのふもとに住む小国シャカ族の王家にブッダが生まれ、神と人、生きとし生けるすべてのものに教えを説くであろうというお告げでした。

アシタ仙人は自らも占星術を使い、ブッダ誕生の兆候はつかんでいましたが、その場所や家に関してはわかっていませんでした。しかしその霊視能力のおかげで、その夜、ブッダの生まれるべき場所と時間を天界の神々たちから聞かされたのです。彼は喜び勇んで山を下り、ブッダの生まれるという御所へ向かいます。

シャカ族の王様は、スットダナーといいました。妃はすでになく、子を産むとほどなくこの世を去っていました。そのためブッダになるであろう赤子は、父親と乳母の手によって育てられ、名をゴータマといいました。アシタ聖者がこのスットダナー王の王宮を突然尋ねると、王は驚き、喜び勇んでこの聖者を御殿に迎え入れます。

「今ここに世界の王となるべき子が産まれたと、天界の者たちからお告げを受け、私はここへやってきました。どうかその子にひと目会わせていただけませんでしょうか。」

アシタ仙人は言いました。

スットダナー王は大いに驚き、仙人から事の事情を聞くと、喜び勇んで我が子をこの聖者へと差し出しました。

占術、顔相、そして真言に通じていた彼は、その子を抱くと「おお、偉大なる御子よ」

と言って経文を唱え、神々に代わりこの御子に祝福を捧げました。

そしてよくよく顔を見ていると、赤子はその小さな足で聖人の顔を無意識に軽く蹴りました。スットダナー王がはっとして近寄ると、聖人の頰を一筋の涙が流れ落ちています。

聖者アシタは語りました。

「私が涙しているのは、すでに私は年を取り、この方が大人になり語るであろう偉大なるその言葉を聴けないことが、残念でならないからです。この方は大きくなると、人の道を志せば世界をまとめる転輪王に、そして心の道を志せばブッダとなり、永遠にこの世界の礎となるであろう偉大なる教えを説くことになるでしょう。」と、この赤子の未来を予言したのでした。

スットダナー王は聖人の言葉に驚くとともに、歓喜を隠すことができませんでした。現在、大国に挟まれ、いつ攻め込まれるかわからない小国を率いる王様として、自分の息子が世界を制する大王になってくれるという予言ほど心強いものはありません。

しかし気になるのは、心の道を目指し隠遁者となり、坊さんになってしまうという予言です。国家をまとめ指導する現実主義者のスットダナー王にとって、こちらの予言は決して有難いものとはいえませんでした。彼には息子シッダールタが自分のあとを継ぎ、父子協力し合ってこの国の兵を従え、インドに一大強国をつくりたいという野望があったからです。その大事な跡取り息子が帝王学を無視し、瞑想だの悟りだのといった浮世離れした、訳のわからぬ世界に入っては、大変困ります。そのため王は、そののちこの息子に極力霊的なものへ触れる機会をなくし、この世の快楽と帝王学に沿った勉強を中心とした生活を与え、この世界を支配する転輪王となるべく育てようとします。

3　シッダールタ

しかしそんなスットダナーの願いとは裏腹に、この皇太子には生まれながらにシッダ能力（霊的直感知）が備わっていました。

有名なエピソードとして、十二歳のシッダールタはシャカ族がその年の豊作を天に感謝する豊穣祭において、王族や大臣たちとともに貴賓席に着きながら、ひとり自らの心を豊穣祭の行われる会場の近くに舞い降りた小鳥に移し、その一生を追体験したといいます。

こうしたエピソードからみても、シッダールタは生まれながらにチャクラがかなり開いた人であったことがわかります。しかし今と同様、当時においてもそうした分野を明確に語れる人などまずなく、その霊体験をシッダールタ自身もどう受けとめていいかわかりませんでした。

そして、このころからシッダールタは世の無常について考えを始め、やがて誰からも教えられることなく、５歳にして瞑想を始めました。それから日に日に感受性を高め、世の矛盾や不条理についての質問を一般教養を教える教師たちに見境なく繰り返すシッダールタの姿を見てスットダナー王は嫌な予感を感じます。

「どうもシッダールタは、俗世間のことより形而上学や社会の矛盾のほうを重要に思っているようだ。アシタ仙人のふたつの予言のうち、世界をひとつにまとめる転輪王の道ではなく、お坊さんの道のほうへとこの息子は傾いてしまっている。」

そう感じたスットダナー王は、さらにこの息子のために、乾期、暑期、そして雨期用の美しい宮殿を三つも建築します。そしてそこに美しい女官や踊り子を集め、息子が役にも立たない哲学探究より俗物的快楽に傾くようハーレムを築きました。

ハーレムでは、毎日毎夜、狂乱の式典が行われ、シッダールタ青年はその真っただ中でもてなされ続けます。しかし彼は、そんな宴には見向きもせず、やはり哲学的な思索を続け、そして家庭教師や大臣たちがしどろもどろしてしまうほどの難問をつねに投げかけるのでした。

「なぜ何もない真空からこの宇宙は生まれたの？」

「一体、誰がどのような方法でビッグバンを起こしたの？」

「なぜこの宇宙は人間が理解出来るように出来ているの？」

「この宇宙が完成するとはどんな状態を言うの？」

「悟りを開くとはこの一切を理解する事なの？」

見境なく教師たちに質問を浴びせるこの息子の姿を見るにあたり、スットダナー王はかえって霊的導師をつけないことがこの息子にとって愚であることを悟り考えた末、実学の教師のほかに高い位のバラモンや、評判の高いサモンをあてがいました。そして質問はすべてそうした霊的導師へと向けられるようにしたために、シッダールタのこの傾向は何とかおさまります。

そうして青年となり、ようやく落ち着きを取り戻した姿を見ると、スットダナー王はさらにこの浮世離れした息子を俗世間に引き戻そうと、嫁をとらせることを思いつきます。

4　シッダールタが求めた悟り

当時のインドでは十六歳は立派な大人であり、一族の中から特に血統正しいヤショダラというひとりの美しい娘を、息子の妃へと迎え入れます。

そのためか、それから何とか見た目にはシッダールタの生活は落ち着き、国の公務もこなし、次期王様としての日常を送るようになってきました。そして、実学とともに瞑想や導師たちからの指導も欠かさずに受け、しばらくの間は帝王学、瞑想、聖典学習をバランスよく織り交ぜた生活を過ごすことになります。

この時期がシャカにとって、「のちに達成する如来の悟り」を探究するうえでの基礎学習期間になったことは言うまでもありません。悟りとは一朝一夕で達成できるものではないのです。長期にわたる優れた聖典の学習なくしては、成り立たないものなのです。

しかしその胸には、同時に、いつか必ず出家したいという意志を隠していたのでした。

シッダールタには当時、乗馬、弓、剣技、戦術、戦略、歴史と言った帝王学とともに、一部族を率いる次期皇帝が教養として身につける精神的学問として、「ヨーガ」「ウパニシャッド」「マヌ法典」、さらにリグ、アタルヴァ、ヤジュル、サーマといった一連の

「ヴェーダ教学」がなされました。

さらに『マハーヴァーラタ』や『ラーマーヤーナ』といったインドに伝統的に伝わる古典なども、当時シッダールタは学んでいます。そしてそうした中から彼は優れたエッセンスを読み取り、自己のひらめきを重ね、のちに達成する〝悟り〟へと向かう糧としていったのです。

こうした宇宙を統括する統一的哲学体系の優秀性は、シッダールタの時代はおろか、今もインド以外の国では見い出すことはできません。

のちにブッダが語った教えも、この太古から伝わる伝統的教義に一致したもので、ブッダ自身も仏典の中で「私の教えはいにしえの如来たちが伝えたものと一寸の狂いもなきものである。」と語っています。ブッダ自身の人生を四段階の悟りの階梯にあてはめてみると、よくわかります。

十二歳で世の無常に気づき、深く内なる真我を求め、瞑想を始め解脱したときが第一段階、これを真我に目覚めるという意味で『アラハンの悟り』といいます。この段階で「解脱」を意味します。

そしてこの時からスットダナー王の考えによって、バラモンやサモンといった当時のインドのグルジたちから「ヨーガ」や聖典を学び始めます。

シッダールタがこれら導師たちの指導のもとで宇宙の構造を探究し始め、『第二段階である大菩薩の悟り』を経て、それに飽き足らず自ら『第三段階目である如来の悟り』を求め始めたのはいつの頃からでしょう。

仏典をよく読むと、二十九歳で城を出て出家したのち、まず彼はアラーダ・カーラーマとウドラカ・ラーマプトラという、当時マガダ国で高名なふたりの導師に弟子入りしています。

このふたりは当時の伝統的な瞑想法に則って、深遠な禅の境地、つまり〝止観（第一段階目）〟を達成した人として世に認められ、多くの弟子たちを指導していました。

二十九歳のシッダールタは一時このふたりの聖仙に弟子入りしますが、その技術をほどなくあっさりと理解し、もう教わることはないと再び旅に出てしまいます。

つまり、シッダールタはこの時点において、『第一段階のアラハンの悟り』を超えて、『すでに過去世で如来に帰依し、解脱し、ジュキを貫い、この宇宙の始まりのみを探究する第二段階の大菩薩の悟り』に達していたことがわかります。

つまりシッダールタが出家時求めていたのは、この宇宙がなぜ生まれ、そしてそれが完成するとはどういうことか、それはまさしく、『第三段階の如来の悟り』だったのです。

アラーダとウドラカは単なる瞑想家であって、ブッダとなるべき人物でもメシアでもなかったので、独自に〝解脱〟を達成すると、両者ともそれが悟りの最終段階と勘違いし、小乗の境地で満足していたのでした。

こうした自分のみで解脱だけする人のことを「独覚《どっかく》」と言います。しかし、シッダールタは生まれながらの宿命により、つまり過去世で如来から「ジュキ」を受けていたので、この時すでに、さらにその上に『如来の悟り』があることに気づいていました。そしてほどなくこのふたりのもとを離れ、旅に出たのです。

5　独覚と声聞

ブッダはその教えの中で驚くべきことに、さらにこの解脱した状態、つまり第一段階の「アラハン」の状態になる道筋には二種類あると説明しています。

ひとつを〝独覚〟、もうひとつを〝声聞《しょうもん》〟といいます。

「独覚」というのは読んで字のごとく、ひとりでにチャクラを開いてこの状態になってしまうことです。たとえば、たまたま事故に遭い意識不明になり、自然に死後の世界をかいま見て、再び奇跡的に息を吹き返した人など、そのプロセスの中で自然とチャクラが開いてしまい、この状態になってしまう人がいます。またスポーツや芸能や武道といったひとつの分野に毎日打ち込む生活を送っている人など、同じ所作を繰り返す集中した毎日の中から自然にチャクラが開き、この状態になってしまう人がいます。

いずれの分野であれ、もう疑うことなく自分の道を信じ打ち込んでいる人など、たいていこの解脱した状態になっている人です。こういう人は不思議な魅力や考えられない集中力を発揮したり、常人では考えられない芸術作品をつくったりします。

また、スポーツ選手であれば考えられない動体視力を使ったりし、まさに超能力を使ったとしか言いようのない成果を上げたりします。野球のイチローや川上、ボクシングの井上、空手の大山など、一般的には考えられない力を発揮し、大きな業績を残しています。

しかしこうした「独覚」たちには、当然そこから先のブッダの道に進む事は出来ません。こうした独りでに解脱してしまう「独覚」とは対象に「声聞」の道があります。

「声聞」というのは声を聞くと書きますが、これは読んで字のごとく、正しい霊的指導者からヨーガや瞑想を学び、チャクラを開くことをいいます。つまり釈迦の弟子になり、ブッダ本人から直接教えを受け解脱し悟りを開く人たちのことを「声聞」と言います。

彼は、幼年期から学んだヨーガやベーダ経典から、人間にとって最も重要なことは、『この世界が誰によって、どのように生み出され、そして人間は何のために生きているのか』ということ、これを解き明かす事が、すべての人類にとって重要な、たったひとつの問いである事に気づいていました。

過去世でシッダールタを指導した燃燈仏《ねんとうぶつ》は、その時彼を解脱させ、真空の状態にし、この教えを「ジュキ」として授けることで、生まれ変わった彼が何度生まれ変わってもこの問いだけを探究する大菩薩となるようにセットしておいてくれたのです。

そのためシッダールタとして生まれ変わった彼がこの人生の出家時に求めたのは、第一段階、第二段階を越えて、いきなり新しいこの宇宙を生み出す答えを見つけ出す『第三段階の如来の悟り』でした。

6　如来の悟り

彼は出家前に御抱えの霊的教師から解脱してなお、その上の高度な悟りがあることを聞かされていました。シッダールタを指導した先生の中には、よほど優れた導師がいたのでしょう。

この第三段目のことを一般に『如来の悟り』と呼びます。

そしてこの第三段階目に達した人のことを〝ブッダ〟といい、それは二千年から三千年に一度しかこの世に現れないと、のちに釈迦は自ら説明しています。

この如来が現れると人類の心の方向性が決まり、新たにひとつの文明が生まれ、この悟りに向かって全体が動き始めます。それはまさしく〝ブッダ〟の教えがその入滅後、多くの国へと広まったこの文明の軌跡を示しています。

◇　◇

一般に仏典では、シッダールタは二十歳になるまでお城の外に出たことがなく、病人も老人も死人も見たことがなかったといわれています。しかし、それはひとつの寓話《ぐうわ》で、実際には父スットダナー王が年老いていく姿も見ていますし、自らも風邪をひいたり下痢をしたりもしています。また、母マーヤはシッダールタが生まれるとすぐこの世を去っています。そして宮廷における生活においても多くの教師たちに帝王学や実学、さらにはヴェーダやヨーガといった精神世界の哲学体系をも学んでいたシッダールタの出家の理由が、よく仏典でいわれる生老病死に対する素朴な疑問であったということはありません。

それは後年、一般の人に対してわかりやすく作られたブッダ出家にまつわるひとつの寓話となったのです。

実際のシッダールタは二十九歳になる前に、軍事においては四軍を統率する元帥として、そして政治においてはシャカ族を統率する王として、さらにヨーガの道においては人類を導く導師としての基本知識を身につけていました。

しかしどんな導師も、この古代から聖典に伝わる悟りのプロセスは示せても、「宇宙の始まりから完成に到るまでの一切を解き明かせる如来の悟りとはいかなるものか」、それをシッダールタに教えることはできませんでした。

すでに過去世において解脱し、「ジュキ」を受けていたシッダールタでさえも、王宮における生活の中では、やはりどう考えても「なぜこの宇宙が生まれたのか」というこの問いの答えはわかりません。

そしてそれは彼の生きた時代から二千五百年以上たったこの二十一世紀の現代においても、解き明かすことのできない人間にとっての永遠の謎です。

「この宇宙の真理を説き明かせる聖者はどこかにいないのか。これが解き明かせれば、この世界に間違いなく平和が訪れるというのに。」と彼はこう繰り返し考えました。

そして彼自身がその人物、目覚めた人・ブッダになることを強く欲していたのです。

◇　◇

二十九歳を迎えるころ、彼にようやく一子が誕生します。当時の王は息子をつくることがひとつの仕事と考えられていました。

そしてこの息子が生まれたことは彼の王宮での使命であり、それを果たしたことがシッダールタに出家を決意させる直接的なきっかけとなったのでした。

「なぜこの宇宙が生まれたのか。」

こうして、この人類の永遠の謎を悟るべく、シッダールタは王宮を後に出家したのでした。

「天上天下唯我独尊」
すでに過去世で
「ジュキ」を受けた私は
すでに第二段階目をクリアーし
今生如来となるために
生まれて来た！

第2部　悟り

～ビッグバンを起こす「ジュキ」のメカニズム～

7　ビンビサーラ王との約束

誰にも知られず宮廷を出た後、シッダールタはまず釈迦国の首都カピトラヴァストゥを出て、当時最も栄えていた大国マガダ国の首都ラージャグリハへと徒歩で旅を続けます。辺境のシャカ国とはうって変わって、そこはまさに大都会。多くの人々が行き交い、そしてあらゆる情報に満ち、文化レベルも格段に高い大都市でした。

マガダ国の王様はビンビサーラ王といい、当時のインドの最強国にふさわしい聡明な人物であったと、仏典は伝えています。彼には信仰心もあり、また優れた政治力を持ち、この大国は大いに繁栄を極めていました。

そのビンビサーラ王が王宮の窓から外を眺めていると、なんとも高貴で毅然としたひとりのサモンが街中を歩いているのが目につきました。それはまぎれもなく、出家したばかりのシッダールタでした。

その姿は高貴で、それでいて気負いはなく、さっそうとし、どう見ても普通の人とは思えません。どこか名のあるサモンではないか。さすがに大国の王を務めるビンビサーラはピンとくると、家来にそのサモンを丁重に宮殿に迎えるように命令しました。

シッダールタは慣れぬ土地で、しかも大国マガダのあの有名なビンビサーラ王が、自分の姿を見つけ会見を求めてきたことを告げられると、ひとつの運命を感じ快くマガダ王宮へと案内されるまま向かいました。

シッダールタがマガダ王宮へ入ると、ビンビサーラ王がさっそく姿を現し、この出家したサモンに対し、礼をもって素性を尋ねてきました。

「私はシャカ族のゴータマ・シッダールタと申すもの。わけあって出家し、今、導師を求めこの国の都に着いたばかりです。」

シッダールタはこう答えました。

「シャカ族のゴータマ・シッダールタ。おお、王家の方ではありませんか。シッダールタ……」

ビンビサーラ王は、昔耳にしたうわさをふと思い出しました。

「あなたはもしや、亡くなられたアシタ仙人が、この世の王ブッダになると予言されたあのシャカ族の皇太子シッダールタ公ではありませんか。」

聡明なビンビサーラ王はかつて聞いたブッダ誕生の予言を明確に思い出し、言葉にしました。シッダールタは軽くうなずき、自らのこと、自分がこれから目指すべきサモンとし

てのこと、そして最後に
「私はこの宇宙がなぜ生まれたのか、そしていかなる意志によってどこへ向かっているのか、それを解き明かすために出家しました。」

と、その目的を明確にビンビサーラ王に伝えました。

王は驚きました。これほどハッキリと自分の生い立ちから出家の理由、そしてその目的までをも語れる僧侶など、これまで見たことも聞いたこともありません。ビンビサーラ王は喜び勇んでこのサモンをもてなし、彼を何とか自分の身近に置きたいという衝動に駆られました。

「シッダールタ太子。あなたをこのまま出家させるのは、この世界にとって大きな損失です。ブッダの道を究めるのもとても大切なことはわかっています。しかしどうか出家の道は諦めて、この国で働いてはもらえませんでしょうか。」

ビンビサーラ王は言いました。

しかし、シッダールタは無言でそれに答えます。明白なる拒否の証です。

ビンビサーラ王は懇請しました。

「かつてアシタ仙人はあなたにはブッダの道のほかに、この世界を統一する大王の道があると予言されたそうではありませんか。この国の半分を献上します。どうかその力で、全インド、いえ全世界を統一し、法と武によってこの世に王道楽土を築いてみてはいかがでしょうか。」

なおもシッダールタは、無言でそれに答えます。

ビンビサーラ王はこれ以上言うのは失礼だと気づき、諦めきれない気持ちを抑えつつ、がっかりとした口調で、

「そうですか、だめですか。ならば、この世界がなぜ生まれたのか、地上において人間はどう生きるべきか、まさしくこの宇宙の意志をあなたが悟った時、一番に私にその答えを聞かせてもらえないでしょうか。」

と、語りました。

シッダールタはにっこり笑顔で答えると、しばらくの間王と歓談し、食事を取り、再び旅立って行ったのでした。

「何と優れた若者だろう。ブッダとはいかなるものか。もしかしたら彼から、未だ誰にも説き明かされたことのないこの宇宙創造の秘密を、私は聞くことができるかもしれないいや、きっと私は、アシタ仙人が涙してまで悔んだその教えを聞くことのできる、最高の

幸運をこの人生で手に入れることができるであろう。」

こう思いながらシッダールタを見送るのでした。

そして、無意識にシッダールタに手を合わせている自分に気づき、ふと我に返り、苦笑するのでした。

◇　◇

ほどなくすでに「止観」を達成し、「聖典学習」を終え、さらに如来の悟りを目指すシッダールタがその後、アラーダ・カーラーマとウドラカ・ラーマプトラをそれぞれ訪ね、わずかのうちにふたりを感服させ、再び旅立っていったという風聞がビンビサーラ王の耳に入るまで、さほど時間はかかりませんでした。

この話を耳にすると、王は自らの人物眼の優れたことを誇りに感じるとともに、アシタ仙人の予言したブッダ出現の予言が、いよいよ現実味をおび、身震いしている自分に気がつきました。

「どうやら私は、あの人物からちっぽけな人間の一生を超えた存在の全体像を、宇宙誕生の秘密を、本当に教えてもらうことができるかもしれない。」

今シッダールタは、小乗という小さな舟を捨て、多くの人を導き育むことのできる大きな舟を構築するため、再び新たな道へと旅立っていったのでした。

◇　◇

この後、シッダールタはマガタ国の外れウルベラーの森に入り有名な苦行に入ります。

肉体を極限にまで追い込んで、精神的なひらめきを得ようとしたわけです。しかし七年後、彼はこの極端な苦行期を振り返り、意味がないことを悟ります。そして、森を出て朽ち果てた身体をスジャータのおかゆによって癒され、改めて落ち着いて禅定できる場所を探しました。

シッダールタはこの時にはすでに、自分がまもなく『如来の悟り』を得るということにうすうす気がついていました。そして、初めにプラグボーディ山と呼ばれる山に登り、その洞窟で悟りを得ようとしました。しかしその山の神が現れ「とても私のようなものが、ブッダが悟りを得るという出来事に耐えることはできません。」と、シッダールタに別の場所で究極の悟りを得ることをすすめます。

こうしてシッダールタはいよいよ、現在はブッダガヤ（ブッダが悟りを開いた谷）と呼ばれる土地のネーランジャ川のほとりの崖下にある大きな菩提樹の下で大悟を得ることになります。

8　菩提樹下の悟り

ウルヴェラー、ネーランジャ川のほとりアジャパーラー・ニグローダ樹のもと、シッダールタは静かに禅定にひたります。

五歳で瞑想を始め、十二歳でバラモン、サモンといった高僧たちから教えを受け、出家、その後苦行を重ね、実に二十九年にも及ぶ真理探究に明け暮れた人生でした。

父上、ヤショダラ、ラーフラ、そして亡き母上、シャカ族の人々、宮廷での豪奢な生活、自分を慕う人々・指導者としての責任……。

実に多くのモノを捨てて、ついにここまでやってきてしまったものだ。ひとりボロをまとい、川辺の水音のみ耳に響く深夜、シッダールタはまもなく訪れるであろう〝大悟の予感〟とともに自らの人生を省みて、「人間とは実にこっけいなものだ。」と、ふと微笑みました。

しかし、その脳裏では人間存在の関係性の原理を、無意識にひとつひとつ解き明かし始めます。

――まず、この世に生まれた人間には身体がある。身体があれば物を食べずにには生きていけず、生理機能として食欲がある。そして、眠らなければ身体を維持していけず、睡眠欲がある。さらに、子孫をつくらなければ人間は直ちに滅亡してしまうので、性欲がある。このように人間は、脈々と世代を重ね、生き長らえねばならぬ生き物である――。

――そしてまた、人間は集まり社会をつくる生き物である。社会があれば、物を交換し商いを営むので、物欲が生まれる。そしてより多くの物と交換できる金があれば金銭欲が生まれる。この五つをもって人間と社会が持つ五欲という。この物欲と金銭欲が国家単位、民族単位でぶつかりあうことを戦争という――。

――では、この争いをなくすにはどうしたらいいか。それは、誰がどのような方法で、何の目的で、この宇宙を生み出したのか、それを解き明かすことである。本来人間同士には、争い合う理由も、奪い合う理由も、そして殺し合う理由さえない。普通に生きることさえ出来れば、地位も名声も余分なお金も必要ないのではないか。しかし人の欲望にはきりがない。それは、皆この地上にいる人間がほんのひと時、身を置くこの世界のみが全てだと思い込む無知から生まれる愚かなる感情に過ぎない。その勘違いは皆、人間の関係性から生まれる——。

——その関係性とは何か。父スッドダナーから見れば私は息子、ラーフラから見れば私は父親、妻ヤショダラから見れば私は夫、祖父から見れば私は孫、曽祖父から見ればひ孫、シャカ族の人々から見れば私は皇太子、そして釈迦国の人々にとって、父、スッドダナーは王。私はその皇太子。そして、バラモン、バイシャ、クシャトリア、スードラといった、階級、財産、特権、さらに王という権力、国家という領土、そしてそれが自分のものであるという所有欲。それらの意味のない妄想が、人間を精神的に縛り、全く価値のない関係性で、この世界の人間同士を縛り付けている——。

——しかし、世代を重ねたわずか数千年の時を遡れば、そこにはすでに人間の姿はなく、サル、哺乳類といった動物から魚類、植物、さらに微生物へと生命の歩みは遡る。果ては生き物の姿を失い、人間は地球、銀河、そして分子・原子・素粒子と、この宇宙の発祥へと辿り着く――。

――そしてそれ以前は時間も空間もない世界。それはすなわち〝真空〟。

そう何もない状態、この〝空〟こそ生命本来の姿ではないか。

生きとし生けるものには、もともとこのように実体はない。

そして変化すらしていないのだ。

無あるのみ――。

◇　◇

――しかしこの無は虚無ではない。

なぜなら人間が認知できないこの無の中にこそ、我々の『今と言う時間を作る機能』が備わっているのだ。ではなぜ、何もない無が時間・空間・宇宙、銀河や惑星、そしてこの私が住む地球の上に多くの国々、さらにはそこで暮らす国民、対立する民族、階級社会を生み出したのか――。

――この設定は一体どこにいる誰がどのような方法によって生み出したものなのだろう。この真空の平衡性と対立する矛盾した無秩序とはいったい何を起因とするものなのか。いったいこの無とは、何故その内にこの物理世界という不合理で無秩序な人間に満ちた世界を必要とするのか――。

9　如来の誕生

シッダールタはここで、深く呼吸を整えました。

なぜなら、ここから先が誰も到達したことのない、前人未踏の領域へ入るからです。

この宇宙が本来「無」であることは、通常の人なら誰でも理解できることです。しかしこの「無」の中に何故この不合理な世界が存在するのか、しかも無数に……。

やがて彼はその理由へと到達しました。


――かつてこの過去の物質世界の中にもやはりこの問題に取り組んだ聖人がいた。その方は私と同じように、この世界の一切が「無」であるということに気づいた。

その聖人の世界も、私のこの世界と同様、無知と不条理に満ち満ち、そして、人間同士、国同士の争いや、階級による差別に覆われていた。

しかし、彼は気づいた。

「解脱」するという事が、肉体を持ちながらこの宇宙が始まる前の「空」と一体となる事である。それにはまず自らが解脱し、存在の本質である空と一体となり、そして宇宙が始まる前の真空と一体となった自らが弟子を取り、その弟子たちを自分と同様解脱させ空にする。その事により、肉体を持ちながらも、この三次元世界の中に空の世界に生きる一団を作ることが出来る。

そしてその一団を自らに帰依させ、宇宙がはじまる前の真空の中、時間も空間もない、虚空に昇らせる。実はこの矛盾に満ちた物質世界こそ真空の過去にあたる。この物理世界の中で誰がどのように新しい宇宙を生み出したのか。

それは、この仕組みを知った聖人の「命令」によってである。聖人は宇宙の始まる前の真空の中に入れた弟子たちに命令し、新たな宇宙を生み出させ、生老病死、五欲と不条理に満ち満ちたその世界へ再び生まれ変わらせ、この教えの伝道者として各世界の人々のもとへとやり、この教えを身に付けた自らに帰依させ、解脱させ、宇宙の始まる前の虚空会へと再び昇らせる。

そしてそこで、己に命令を下した聖人と同じく新たに宇宙を生み出すよう命令を下す。これを連鎖させ、生きとし生けるすべての者たちにビッグバンを起こさせ、各世界でブッダとし、全創造世界の人々をこの空と一体化させ、命令を下す。その連鎖の果てに最終的に宇宙の全てを空の状態に進化させてしまう。これが完成された無であり、その中にある物質的世界とはその過去にあたるゆえ、皆完成されていない矛盾を含む世界なのである。

しかし矛盾の世界だからこそ、この全ての世界を無に帰す正しい道が存在し、連鎖しうる――。

◇　◇

『新しい宇宙を生み出し、再び現世へと生まれ変わり、無知な衆生を救え』

――虚空会においてこの悟った人の命令を受けたその弟子たちは、真空の中に新しい宇宙を生み出す。聖者が肉体を持ちながら真空の中で同じく真空となった弟子たちに下すこの命令を『ジュキ』と呼ぼう。

そして、「ジュキ」を授ける者を『如来』と呼ぼう。

そして、「ジュキ」を受け新しい宇宙を生み出し、この教えを学び広める者を『大菩薩』と呼ぼう。そして、「大菩薩」が新しい宇宙を生み出すことを、『現一切色身三昧《げんいっさいしきしんざんまい》』と名づけよう。

そしてこの「ジュキ」によって生み出されたすべての世界の集合のことを「阿僧祇世界《あそうぎせかい》」、この阿僧祇世界その中に、生まれたひとつひとつの世界を「現世」と呼び、この現世世界に生まれ変わり、如来が残したこの教えを学ぶ事によって、解脱し、悟りを開き、自らも如来となり、さらに、新しい宇宙を生み出すことが出来る。

この「如来・菩薩・解脱・ジュキによる無限の世界を無に帰す教え」、これを「仏法」と名づけよう――。

◇

◇

こうして、生み出されたすべての世界の集合体、阿僧祇世界、空、要は真空の中には、想像出来得るあらゆる世界と生命体が生きていることになるのだ。

むろんここも如来の命令を受けた大菩薩によって生み出されたその世界のひとつであり、我々は無限にいる生命体のうちの人間型生命体ということなのです。

著者がざっと真空の中に想像出来得る世界と生命を考えてみると、そこには生きている者、死んでいる者、解脱した者、解脱していない者、そして死んでいるのに生きている者たちの世界に行ける者、生きているのに死んだ者たちの世界に行ける者、意識のある者、意識のない者、多足の者、二本足の者、湿気から生まれた者など、あらゆる型の生命が生まれ、死に、そして、輪廻転生《りんねてんせい》を繰り返しています。

その者たちが、現世に生まれ変わって形ある姿となった時のみ、如来、菩薩、そして如来の残した「ジュキ」の教えと出会うことが出来るのです。

こうしてこの阿僧祇世界の、無限の宇宙のすべての生きとし生ける者たち全てが如来となり、「ジュキ」を授け終わり、入滅した瞬間がすなわち完全に宇宙が完成した姿『空』なのです。

しかし、この完成された「空」は、一切の終焉でありながら、同時に「ジュキ」を授け終わった瞬間、つまり、全ての世界の始まりがその中にすでにあるのです。

この完成と始まりが同一であることが、真空に永遠性を与え、無限という性質を「無」に生じさせている根本原因でもあります。

「無」は同時に無限であり、「無」の過去世として無限の現世が存在し、永遠に生み出され続く現世という法則が真空の中に成り立ち、無でありながら無限であるという存在のバランスが取られています。

その中で解脱した人間とは、現世に肉体を持ちながらも心はそこから離れ、真空の中に生きています。そしてその真空の中で「ジュキ」、ビッグバンによる誕生・維持・消滅と再生が永遠に行われているのです。

◇　◇

こうしてシッダールタは菩提樹下で人間の目に見えない次元で行われている、解脱し、如来に帰依した者たちだけが参加することが出来る、宇宙を生み出すための会合についてを理解しました。

しかし、解脱した人間とは同じ空間にいる平凡な人間たちの目から見ると、同じように肉体を持ち、愚かにその世界の対象物や人間との接触に一喜一憂しているように見えます。しかし、その実態は変化していない「空」そのものなのです。

ブッダはこの解脱した状態の人間のことを「即身成仏《そくしんじょうぶつ》（人体がありながら真空に生きる者）」と名付けました。

それに対して解脱していない人間とは精神も肉体も、この仮想映像の設定から始まる仮想ストーリーが本物だと信じて、どっぷりと浸かり、自分が肉体であり、人間であると思い込み、その関係性に一喜一憂し、死後も映像世界を作り、転生輪廻をさまよい続けています。食べ、眠り、交尾するという生殖活動が、人間の全てだと思い込み、この宇宙の仕組みに気づけずにいるのです。そして自分と社会、自分と他者という人間関係に悩み、終わることなく戦争や生、老、病、死の苦しみの世界を繰り返し体験しているだけの存在となっているのです。この際限のない苦しみから開放されるには、五感から心を放ち、この無の境地に意識を固定させる、すなわち、解脱する以外に方法はないのです。太古から今に至る如来たちはこの存在のしくみを理解し、この世界に、この無と一体となるべく、「瞑想と解脱」そして、「無」の中に新たに現世を誕生させる「ジュキ」という技術を伝えたのでした。

それは、この現世世界が〝真空の過去〟だから出来ることなのです。

◇　◇

真空とは自らの内にかつて人間であった自分が解脱し、真空と同化したという過去の記憶を持つことにより、真空で居続けることが出来ます。

しかし、真空の中には無限にまだその道に気づかず、無知により自らが真空であるという道に縁が持てない人たちが無限にいます。その者たちにもこの教えを広め、この真空の中にある無限の世界に生きる全ての生命が真空に帰するという運命を持たせて、はじめて世界が完成するのです。

私もかつてこの法則に従い、何の取柄も無い人間でした。しかしある時、仏縁を持ち、後の人生で、燃燈仏《ねんとうぶつ》に帰依し、その弟子となり、解脱し、真空と一体となったのです。しかし燃燈仏は私を含めた弟子たちを、単に真空に戻すだけでなく、「ジュキ」を授けることにより、他の宇宙へもその教えを広める事に成功したのです。そして今、私はその縁により、今生ブッダとなったのです。これ全て如来のお陰に他なりません。

では「ジュキ」とは何か。

解脱し、この全ての宇宙が始まる前の真空の状態に自らと弟子たちを昇らせ、そこでこの教えの伝道を誓わせることなのです。

すると真空の中にその命令により、解脱した弟子たちにより、新しい世界が生まれその中に弟子自ら生まれ変わっていく事になります。

その弟子たちは、この過去に受けた「ジュキ」により、どんな世界に生まれ変わっても、この存在の仕組みの語られた如来の経典に気づき、自らが過去世で「ジュキ」を受けたという事実に気づくわけです。そして自らも如来として弟子を取り、虚空会に昇らせ、「ジュキ」を授け、新たな宇宙を生み出し続けていきます。

この連鎖が存在のメカニズム、そしてこれを理解することが悟りなのです。

このように、シッダールタは見事に「第三段階　如来の悟り」に到達したのでした。

◇　◇

そしてこれこそが過去の世界、現在、未来の世界にいる人間たちを解脱させ、さらには次の世界を生み出させ、さらに全ての世界に住む、生きとし生ける全ての者たちを真空に同化させる唯一の方法であることに気がつきます。

時間も空間も超えた、正に真空は永遠に存在し、この記憶の集合によって成り立っている。その真空の記憶のひとつの世界に生まれた菩薩は過去に自らが受けた「ジュキ」の記憶をよみがえらせ、このシステムを悟り、如来となり、さらに次の世界を生み出し、そこに経典を残し、人間たちにこの仕組みを学ばせ、解脱させ、「ジュキ」を授け、真空を完全なものとするのです。

これだけが、宇宙の生まれる原因と結果であり、これが何故、何もない真空の中にビッグバンが起き、人間がこの世界で何のために生きているかの全ての答えなのです。

シッダールタは名実ともに真空が自らの内に持つ、全創造世界の不変のメカニズムを解き明かしたのでした。

10　インドラ神の懇願

「はーっ。」

深く禅定に浸ったシッダールタは目を開け、深い吐息をひとつゆっくり放ちました。

そこはネーランジャ河のほとり、ガヤーにある巨大な菩提樹の下、まぎれもなく人間の世界でした。

しかしこの世界には、シッダールダが一瞬の間に垣間見た存在のメカニズムなど気がつく者は一人もいません。彼はここで考えます。

「さて、今再びこの人間の世界において悟りを開いた。そして他の世界の如来に倣《なら》い教えを説き、弟子を取り、さらなるこの宇宙を無に帰す努力をするべきかどうか。いやいや、そんな作業を再び繰り返すことなく、すぐに空に戻ってしまったほうがいいのではないか。わたしが何かしたとてこの宇宙に変化はなく、何もしなかったとて何も始まらないということもない。宇宙はそれそのもので、すでに完成しているのだ。」

ブッダがそう思案に暮れていると、どこからともなくひとつの声が聞こえてきました。

それはこの人間界に属する、第六次元からやってきたインドラ神の声でした。

「仏よ、どうか教えを説きたまえ。仏よ、この世界の人々にも光明を与えたまえ。」

インドラ神は静かにブッダの傍らに立ち、いとおしげな表情でブッダを見つめました。

ブッダは静かに答えます。

「インドラ神よ。余がシッダールタとして生を受けたこの世界は、すでに真理は朽ち果て、皆むさぼり合い、互いに排除し合い、己の欲望のみを満たそうと、日夜淫行に荒れ狂う餓鬼、畜生の巣窟である。そんな世界に教えを説いたとて何になろう。余の教えは深淵でかつ広大な宇宙の体系である。こんなことを理解できる者が果たしてこの世界にいるだろうか。」

インドラ神は仏の言葉に同意しつつも顔を上げ、答えます。

「如来よ。世をあまねく照らす者よ。

この世界の衆生のほとんどは確かに暗愚で、無知蒙昧かつ欲にまみれた者たちばかりがその大半を占めています。しかし、そんな汚辱の世界の中にもほんのわずかではありますが、宇宙の真理を学ぼうと日夜努力している者たちもいます。その中から、たとえ今生如来の言葉を理解できなくとも、あなたの教えを後生身につけ、幾重にも生まれ変わりを繰り返すうちに、必ずこの宇宙誕生の秘密を理解し、あなたと同じ如来になる者も出てきましょう。何よりあなた自身がそうではありませんか。」

インドラ神は言いました。

仏はしばらく沈黙し思案します。

かつて自らが真実の教えを求め、さまざまな世界を転生し彷徨っていた時代、そしてその中で偶然にも出会った如来によって、今この人生において自らも仏となれた縁起についてを……。

如来となったシッダールタはしばしの間、目を閉じ黙想していました。

そして目をゆっくりと開けると「さもありなん。」とインドラ神の言葉に納得すると、その求めに応じ、この世界に教えを説くべく決心を固めました。

「余が今生この仏の悟りを得られたのも、かつて私と同じようにいずれかの物質世界に降り立ち、苦労の末、悟りを開いた如来がその慈悲の心によって、自らの生まれた世界に教えを説いたからに違いない。余もその縁によって、今こうして世を照らす仏と成り得た。私も平行する世界に住みたもう慈悲深き如来として、今この世界に教えを説きたもう。」

インドラ神はそれを聞くと、歓喜とともにあらゆる宇宙へとその喜びを伝えました。

すると大地は六種に震動し、天神は舞い踊り、天女がこのサハー世界へと祝福の花束を幾重にも降り注ぎました。

そして三千世界のこの喜びを堪能すると、如来はゆっくりとそこから立ち上がり、いよいよ真理の教えを説くべく、その足を前に進めるのでした。

如来の「ジュキ」によって、
ビッグバンは起こされる。
苦行なんぞまったく意味がない！

第3部　教え

～ビンビサーラ王への「ジュキ」～

11　イッセンダイ

当時のインドは、ヴェーダ教典を論ずるバラモン教がその中心宗教でありました。その中で、仏教、ジャイナ教、アージーヴィカ教がそれに属さない自由宗教として存在していました。

ブッダは、この世界に対する仏法伝道を決意したのち、まず自分の教えを一般の人たちではなく、アラーダ・カーラーマ仙とウドラカ仙に話してみようと思い立ちました。しかし、ふたりとも高齢ですでにこの時、この世を去ってしまっていました。

そのためブッダは、ひとまずバラーナーシーに向かうことにしました。現在のベナレス（インドを象徴する映像として、よくガンジス川で沐浴するインド人たちの姿を写した映像がテレビで流れますが、まずそれは、このベナレスの大沐浴場です）、当時はカーシー国として独立し、ひとつの国家体制をもっていたといいます。当時も今と同様、かなり霊的色合いの濃い地域として知られています。

そして、そこで有名な五人の修行者たちへ教えを説くことになります。が、実はその前にバラーナーシーに行く途中、ひとりの男と会い、初めての教えをこの世に説いていたのです。それはアージーヴィカ教の修行者ウパカという者でした。

ウパカはアージーヴィカ教の集まりから家に帰る途中、ふいに道で尊大な雰囲気をもつサモンと道ですれ違い、思わず頭を下げました。サモンとはむろんブッダのことで、その時ウパカはこう言ったといいます。

「尊者よ、あなたは類まれな落ち着きと気品に充ち満ちている。いったい何を目指し、誰の教えを信授しているのですか。」

ブッダはこう答えました。

「私に師は存在しない。私は自らの力で悟りを開き、一切を知る者、仏となった者、宇宙を生み出しそして終焉させたる力と宿命を持った者、私と同じ真理に達した者はこの世に存在しない。」

ウパカは多少面食らって、ブッダの顔をしばらく見つめていました。

「宇宙を生み出し、終焉……」

しかしウパカには、その意味を理解することは到底できませんでした。

彼はアージーヴィカ教の教祖ゴーサーラが一番偉いと思っていて、それ以外に何も知らなかったのでした。ブッダの言葉を冷静に受け止めることすらできなかったのです。

「クッ……」

彼は吐き捨てるように言い、そのままブッダの前を去って行きました。暗愚な思想に凝り固まった者の典型的な例といえるでしょう。これがブッダの今生、地上における初転法輪となったのでした。

如来とは数千年に一度しかこの地上に姿を現すことはなく、そんな如来と対話できる機会など、長い転生の中でもまずありません。しかし、ウパカは日頃の行いが悪く、良縁もなかったため、ブッダを目の前にしてもその価値を理解することができず、その後も地獄と現世の輪廻転生の世界をぐるぐると回っているのです。

のちに対機説法の達人と評されるブッダですが、仏法にまったく縁を持たず、こうした暗愚な思想に凝り固まり、正しい目を失った者を帰依させることはできませんでした。

このように仏法にまったく縁を持てない人のことを「イッセンダイ」といいます。

仏教に托鉢という相手から布施や食事を受け取る行為がありますが、あれは実は相手から仏教徒がモノを受け取ることで、のちにその人が僧侶から仏法を受け取るための縁をつくる行為なのです。つまり、食べ者や寄付金を本物の仏教僧と如来に捧げるということは、のちに大きな仏法の見返りを得るための行為なのです。

仏教僧から見ると仏法と縁をつくらせてあげるために、モノやお金を受け取ってあげているともいえます。ウパカには、過去世においてもそうした功徳がまったくなかったので千載一遇の出会いを無駄にしてしまいました。

12　初転法輪

ブッダはベナレスに入ると、サールナートの村へと向かいました。ここで、かつて共にウルベラーの森で修行した五人の仲間たちと再会します。

彼らはガチガチの肉体派修行者で、この時、身体を痛めつけることが最も優れた修行だと思い込んでいました。そして、そうした苦行の途中で、ひとり彼らから離れていったシッダールタを堕落者と思っていました。

そんな彼らのもとに久しぶりにフラリと戻ってきたシッダールタの姿を見て、彼らははじめ蔑み、無視を決め込むことを確認し合っていました。しかし、シッダールタが近づくにつれ、その内のひとりのコンダーニャが思わずその威厳に感激し、

「よく来ましたね。シッダールタ……」

と挨拶してしまいました。

ところがブッダはニコリともせず、

「私はブッダである。神の教師であり、人間の調教師であり、仏であり、世尊である私に、かつての名を馴れ馴れしく呼んではならない。」

そう言いました。

コンダーニャはしばらく返す言葉もなく黙っていました。

横からワッパが、

「そんなことは嘘だ。ブッダのはずがない。」

と叫ぶと、アッサジも口を尖らせて、

「おまえは苦行を放棄して堕落したシッダールタじゃないか。」

と言いました。

ブッダは口元に、わが子を見るような微笑みを浮かべ、ゆっくりと語ります。

「アッサジよ。ワッパよ。そういうことを言ってはいけません。今、あなたが語っている言葉、あなたの姿をこの宇宙の未来に住む大勢の人々が、現在進行形で見ているのです……。私の行い、そして私と語る人々の一言ひとことは聖典となり、この世が終わるその時まで、この全宇宙の人々の心の拠り所となり、指導書となっていくのです。今のあなた方の言葉を、未来で仏法に帰依する大勢の人が書物を通し聴いたのです。アッサジよ、ワッパよ、自重しなさい。」

五人はブッダの得も言われぬ威厳に押され、閉口してしまいました。

ブッダは続けます。

「私は断食をやめ、苦行を放棄したが、それは本当の修行に気がついたからに他ならない。肉体を痛めることからは何も生まれない。そして、瞑想と如来の本来もつ宿命により、今ブッダとなり、ここへ戻ってきた。」

五人は言い返すどころか、すでにブッダの前にひざまずき、手を合わさんばかりにその言葉に聴き入っています。

「親愛なるビクたちよ。それでは私がブッダである証《あかし》として、ここでお前たちに教えを説こう。それを持って、私が本物かどうかを理解しなさい。」

五人は言われるままにブッダを囲み円陣となって座り込み、仏の言葉に耳を傾けます。

ブッダはここで、自分が悟った神の最高の御業「ジュキによるビッグバンの起こし方とこの宇宙全体を完成させる方法」をそっくりそのまま話したいという衝動に駆られました。が、そんなことをいきなり言っても通じるはずもありません。そのためブッダはまず、仏の智慧を得るための地上での生活の心得、一般の人々が仏法に目を向ける機会をもたせるためのえ話を彼らに話すことにしました。

しかし、今、目の前にいる五人はすでに出家し、間違っているとはいえ、修行の段階に入っている者たちです。そういう段階の者たちに最もふさわしい教えを、ブッダはここで語り始めます。それは、この世に肉体をもったときに感じる苦しみとそこから脱却するための方法論でした。

これを後年、人々は「**四聖諦《ししょうたい》の教え**」「**苦集滅道《くしゅうめつどう》の教え**」として知ることになります。

それは、この世界は肉体があり、生老病死があり、五欲に支配され、苦しみに満ちている。すなわち、——「**苦**」

しかし、この世界を超えた次元には、それらを見通す悟りの視点がある——「**集**」

そして、解脱することにより、その視点に立ってこの苦しみから解放されることが出来る——「**滅**」

そして、そこへと到達する仏弟子としての人生こそ、この地上に生きる最高の生き方である――「**道**」

このように「苦集滅道の教え」が、ここに生まれたのでした。

さらにブッダは五人のビクに解き明かします。

「正しく見、正しく思い、正しく話し、正しく行い、正しく生活し、正しく努力し、正しく考え、正しく集中する。」

この八つの正しい視点から存在を凝視し、その構造と無から生まれる宇宙の始まりの原因を突き止める方法、後年これを人々は「**八正道**」と呼びました。

さらには修行者が求道において肉体と精神のバランスをとるための「**中庸の教え**」を説き明かしました。

この時三つの真理へと導く教えを仏がはじめて地上で説き明かしたことを一般に「**初転法輪**」といいます。

「**四聖諦**」「**八正道**」「**中庸の教え**」

ここにブッダの初めての教えが生まれたのでした。

彼らは毅然とわかりやすく真理を説くシッダールタに返す言葉もなく、固く帰依を誓います。釈尊は五ビクを教化し、自らに帰依させることに成功すると、さらにバラーナーシー（ベナレス）の街中へとひとりで向かいました。

そこでこの国一番の長者の息子ヤサとその両親、さらにはヤサに師事する五十四人もの若者たちをも弟子にします。この段階で釈尊も含め、六十一人の阿羅漢《あらはん》がこの世界に生まれたことになります。

釈尊に教化された者は、皆こうして解脱し、アラハンとなり、さらにこの宇宙のはじまりのみを、その人生において追い求める菩薩へと変えられていったのでした。

そして最後の生でこの菩薩行を極め、皆シッダールタと同様、如来となるのです。

そして、釈尊はこれらの若者たちに授けた教えの伝道を命じると、若き弟子たちはその教えを携えて、インドの各地へと旅立って行ったのでした。

さらに釈尊は自らも歩をさらに先に進め、当時千人を超える弟子たちを擁する大教団の教主カサッパ仙人のもとへと向かいました。なんと釈尊は、そのころ一大勢力を持っていた拝火教・カサッパ教団の本拠地へ堂々と道場破りをしに向かったのでした。

13　ビンビサーラ王に対する「ジュキ」

その時、ビンビサーラ王は王宮の広間で臣下と雑談しながらくつろいでいました。

するとそこへ家臣のひとりが駆け込んできて、かつて大王と謁見したシャカ族の王子が僧衣をまとい、こちらに向かってくると報告しました。

「しかも千人以上の弟子を従えてです！」

ビンビサーラ王はこの言葉を聞くと驚き、急いで窓から大通りを眺めました。

「おお！」

なんと、かつての約束通りシャカ族の皇子シッダールタが、千人の弟子を引き連れて王宮へと向かって来ます。ビンビサーラ王は矢継ぎ早に家臣に命じます。

「失礼のないように太子を王宮にお迎えしろ！　お弟子さんたちの食事とくつろげる場所もすぐに用意しろ！」

ビンビサーラ王は興奮して言いました。

「彼は悟ったのだ。宇宙の法を！　なぜこの世が生まれ、宇宙が何を語ろうとしていかを……」

◇　◇

シッダールタ、いや、ブッダとその一行はなんと一千人の大行列をくみ、マガダ王国の都ラージャグリハの門をくぐり、町中へと歩を進めていきます。

なんとその中には、あの有名なカサッパ仙人とそのふたりの弟も交じっています。

このため、はじめ街の人も王宮の人々も、この行列をカサッパ仙人とその弟子の行進と勘違いしていました。シッダールタは、このときはまだ無名の聖者にすぎません。

しかし、これを感じたカサッパ仙人は王宮に入ると真っ先にブッダの足下にひれ伏し、その足を洗い、弟たちがその足を拭き、三人で地べたに土下座し、ブッダに仕える身であることを周囲に示しました。

ビンビサーラ王はそれを見ると、

「おお、こんな大聖人をもすでに従え、この方はなんという人であろう。」

と、これから聞けるであろう教えに身震いして、思わずそう叫びました。

そしてこの叫びはまたたく間に、

「仏がこの世に舞い降りた。」

「数千年に一度しか現れない伝説のブッダが出現した。」

という風説となって、インド中に広がっていきました。

ブッダとその一行は王宮でもてなされ、小一時間食事の接待を受け、休憩を取ります。王はあえてブッダとふたりでの食事を懇請しますが、ブッダはそれを断り、弟子たちと共に同じ床に座り、食を取ります。そして、ブッダからの挨拶と言葉をいただく段になると、会場の雰囲気は一変しました。皆、衣を正し、吐息ひとつ立てず、座を組みなおし、その場は一瞬で静寂に包まれたのです。そしてすべての人はじっと一点を凝視します。その先には静かに、ゆっくりとひな壇に向かうブッダの姿がありました。

ビンビサーラ王は、その粛々としたブッダの弟子たちの有様に度肝を抜かれます。

「なんと規律に富んだ集まりであろう。身じろぎひとつせず、皆一様に仏を凝視している。わが軍隊でさえ、ここまで兵士の呼吸が合うものではない。なんという統率力、なんという威厳。やはり本物の悟りが今、聴けるというのか。」

ビンビサーラ王は何の躊躇もなく立ちあがり、ブッダの前にひれ伏し、その御足に額をつけ、そして知らず知らずのうちに涙しています。この世の最高権力者が今、その足にひれ伏し、仏に対する帰依を誓ったのです。

万座の人々はそれを見て口々に叫びます。

「おお、偉大なるブッダよ。仏よ。この世の権力を超えたるものよ。この世の王の王・ビンビサーラに神の祝福を、そして我らにその偉大なる悟りを捧げたまえ。」

この瞬間、シッダールタは誰もが認めるブッダとなったのでした。

◇　◇

静寂の中、ブッダは万座の頂点に座り、ゆっくりと語り始めます。

「弟子たちよ。ウバイ、ウバソク・ビク、ビクニたちよ。そして、私の声を聴く未来永劫の人々よ。聴きたまえ。」

この時、ブッダの言葉は、我々のこの世界のみで話されているように見えます。しかし実際には、時間と空間を超えて未来の無限の世界へと届いているのです。

この世界で今、この本を読んでいるあなたが、この未来世界において、その偉大なるブッダの声を聞いているウバイのひとりなのです。

「私は今から八年の昔、そう、あれは私がカピトラヴァストゥの王宮を抜け出し、いよいよ真理を求めて旅立った時であった。当時、高名なアラーダ仙、ウドラカ仙を訪ね、このラージャグリハに来た時、このマガダ国の偉大なる王ビンビサーラ公が、私の歩く姿を王宮の窓から見つけられた。

そして王は私を招き、私はもてなしを受けた。出家の理由、私が何を求めているかを私は彼に語り、そして最後に、私が真理を悟り仏となった暁《あかつき》には、再びここへ来て、王に宇宙がなぜ生まれたのか、そして宇宙はどこへ向かっているのかを説き明かす約束をした。そして今、私はここに座り、ビンビサーラ王を目の前にして、教えを語ろうとしている。」

弟子たち、王宮の大臣、従者、そしてビンビサーラ王は、ブッダのとどろき渡る声に身動きひとつせず、聴き入ります。

「今、私は語ろう。この世界のすべてを。宇宙がなぜ生まれ、そしてどこへ向かっているかを。ビンビサーラ王よ。」

「はっ。」

ブッダはここで、あえてビンビサーラ王に語りかけました。

「あなたはかつて出家し、成道する前の私に気がつき、自ら王宮に招き、善意を尽くしたもてなしをしてくれました。あなたはどんな時代、どんな立場にあっても真理に目が向き、仏と出会うたったひとつの偶然すら見逃さない縁起をすでに持っているのです。」

王はかしこまります。

「それは過去世で積んだ修行者として得た徳の力であり、今またあなたは、こうして仏の教えを自ら聴くという偉大なる功徳を得ているのです。それどころか仏の法喜食《ほうきじき》を自分のみならず、多くの家臣、わが弟子たち、そして衆生へと伝えることのできる優れた説法者としての力を、すでに身に備えているのです……。

ビンビサーラ王よ。あなたは、過去世から積み上げてきたいくつもの菩薩としての生涯の功徳により、今生、この大国マガダの王として生まれ、再び仏にまみえました。そしてこの世においても過去世同様、仏である私の教えを広め、さらなる功徳を積むことになるでしょう。」

如来はビンビサーラ王の過去世を見極め、彼がすでに解脱し、アラハンとなり、さらにその心が何度生まれ変わってもブッダへの帰依心に一辺のゆらぎもない事を見通します。そしてなんとビンビサーラ王にいきなり、第一番目の「ジュキ」を授けます。

「ビンビサーラ王よ、あなたはこの先、二百年後の未来、その功徳により同じこの国の王として再びこの地に生まれるであろう。その時のあなたは、その名を〝アショカ〟と名乗るであろう。」

「おお！」

衆生は、ブッダがビンビサーラ王にその未来世までの予言を授けたことに驚喜しました。

「ビンビサーラ王よ。よく聴きなさい。

あなたはその王アショカの時、この全インドを征服することになるのです。その時、その覇業のために実に多くの人々の命を奪うという宿命を持つのです。そのため、あなたは晩年悔い改め、私がこの世に残した仏法に帰依し、私の偉業を全インドへと、さらには南方の多くの国々へと広める事になるのです。

そして、多くの塔をこの地に数えきれぬほど建てようとします。あなたのこの行いのため、仏法はそののち、全世界へと広まることになるのです。さらに衆生のため、多くの病院を建て、公共施設を整備し、あなたの国は大繁栄するでしょう。しかし、あなたがその時、自分の権力を全インドへとあまねく広めるために犯した業は、そののちの生に大きく影響するのです。

ビンビサーラ王よ、聴きなさい。

さらにあなたはそののち百年後、再びこの地上に肉体を得るのです。そしてその人生において、あなたは今、私からジュキを受けたことにより、のちの人生において、今度は西の国にカニシカという名の王となり、このインドの西方を支配する事になるのです。あなたはその時、西へ東へと軍団を移動させ、征服地を増やし、沢山の国々を征服し、君臨し、王の中の王と称賛されることになるでしょう。

そこであなたは再び仏教に深く帰依し、私の教えをさらに大乗とし、インドのみならず、西方の国々へと広めていく事になるのです。

あなたは未来世、この二人の偉大な転輪王となり、私の教えを東へ、そして西へと広める礎になるのです。そしてそののち、西方において、私の教えが広がり切らなかったそのエリアに、あなたは再び自らの力で生まれ変わり、この伝道の仕事を成し遂げるのです。

今生、今この瞬間、私からジュキを受ける事により、私と同じ成道を成し遂げ、仏となる宿命をすでに持っているのです。

その時の名を〝インマヌエル〟というでしょう。

あなたはこの地球上において、あなたの過去世において、仏教の広まりきらなかった西の果て、海辺の国の虐げられた民族の中に生まれるでしょう。」

「ビンビサーラ王よ。白い肌の青年となったあなたは、その時、再び真理を求め、隊商に混ざり、この地インドを訪れることになるのです。そしてその時、あなたが今生、そして来世においてこの地に広めた私の言葉を再び見つけるのです。私は今生、仏として多くを語り、そしてこれからも語るでしょう。それは膨大な数、膨大な種類の経典となり、数千年の時と共に、あまねくこの地球の隅々にまで広まっていくのです。それを広めたのは誰であろう、生まれ変わるごとに全ての欲望を克服し、一身に仏法の伝道に取り組んだあなたなのです。」


衆生は、ビンビサーラ王成道の予言にすでに声を失い、ただ聴き入るばかりでした。

さらには、ビンビサーラ王がそののち、二度の大菩薩の生涯を経たのちの生において、ブッダとなるというのです……。

しかも、その場所とその時の名前までもが、ここで明らかにされたのです。その時、ビンビサーラ王は声ばかりか、その意識も失わんばかりに狂喜し、ブッダの語る言葉に聴き入っていました。

「あなたは自らがこの地球の東西に広めた私の広大な教えの中から、あなたが今生求めたこの宇宙の最高の秘密が語られた経典を見つけ、それを手にし、その後、ひとり山の王ヒマラヤへと入っていくのです。そしてその教えの真髄を自らの功徳の力で悟りきり、ブッダとなるのです。

ビンビサーラ王よ。そののち、あなたは再び生まれ故郷の海辺の国へと帰り、そこで自らの教えを説くのです。私の悟った真理と同じ真理を悟ったのち、あなたはその時代、その地域の文化に合わせた言葉で、私と同じ真理をあなたの生まれ故郷において語ることになるのです。」

ブッダはここでしばらく沈黙し、ビンビサーラ王を見つめます。

このブッダの言葉に対し、ビンビサーラ王は、もう涙が止まりません。

「しかし、ビンビサーラ王よ……。あなたはその時、ひとつの厳しい宿命を乗り越えなくてはなりません。それは、アショカ王であった時、カニシカ王であった時の生に起因するものです。あなたはその時、自らの権威と共に、仏教を広めるために、あまた多くの人々の命を犠牲にしました。そのため、如来となり自らの教えを広める際、あなたは自らの命を失い、そしてその後、復活した姿を弟子たちに見せ、そのことによって弟子たちの完全なる帰依を得、地上におけるブッダとしての使命を果たすという業を得ることになるのです。

ビンビサーラ王よ。しかしその後、死をも克服する仏のひとり子であるあなたの姿を見て、あなたの弟子たちもあなたに従い、死を恐れず世界へと散らばっていくでしょう。

そしてあなたの教えは西方の国々すべてへと広がり、やがてこの地球全体を包み込むほどになるでしょう。私の教えが東洋人の心を作り、そしてあなたの教えが西洋人の心に深く浸透して、この地球の歴史の礎となっていくのです。あなたの誕生日は、人類共通の祝福の日として、毎年世界の人々に喜びを与えることになるでしょう。

あなたの教えは「祈り、外へ向けられた神の探究」となり、あなたの教えの広まる国々では人間の知、科学が発展することになるのです。

私の教えの広まる東の国々では、瞑想とともに私の言葉がそのまま真理として伝えられ、そしてこののち数千年の未来、今は存在すらしていない、東の小さな島に栄える国にまで届くのです。そして西の国へと広がったあなたの教えと、東の国に広まった私の真理の教えとは、そこでひとつになるのです。仏の真理の教えと人間の知の教え、科学と真理とがひとつとなり、数千年の時を経たその時、この世界全体が仏国土へと向かって再び大きく動き出すのです。ひとつの神、ひとつの真理、ひとつの科学が、地球を、そして全宇宙を覆うことになるのです。

これが、この世界が向かっている方向であり、それがまさしく新しい宇宙を誕生させる技の伝搬そのものなのです。ビンビサーラよ。その時あなたは再びここで耳にした予言を経典の中で見出し、私が燃燈仏からジュキをもらった事を思い出したように、私からジュキをもらった事を思い出し、再び弟子を取り、ジュキを授けるのです。そしてすべてを悟りきるでしょう。」

そこに集まった人々はこのブッダと大王とのやりとりに、眉ひとつ動かさず、聞き入っています。さらにブッダは続けます。

「人々よ。今あなた方は、ブッダの教えから生まれるこの世の未来図を見た。これを心に刻み、精進せよ。アラハンとなり、菩薩となり、わが教えをこの世界へ定着させる礎となるのだ。

それが唯一、この世界を仏国土へと変える道である。しかし、それまでに多くの戦争があるであろう。多くの悲劇、多くの犠牲、多くの惨めさ、多くの殺戮、多くの失敗が人類を覆うであろう。これから数千年のち、末法の時代を迎える頃には、国と国が争い、憎しみの連鎖は世界をつつみ、得体の知れぬ疫病が蔓延し、僧侶が堕落し、本来国を守るべき為政者たちまでもが自分の国を売り渡し、国民を殺し、世界を支配しようとする者が、人類全体を滅亡の危機へと誘うであろう。その堕落は極に達するであろう。しかしそんな時代にさえも、善根を積んだ人々がわずかではあるが存在しているのだ。

ビク、ビクニたちよ。ウバイ、ウバソクたちよ。遠い未来の日、その地に生まれ変わり、滅亡寸前となった私の教えを再び復活させ、地球の新たな時代を作り上げるのは、誰であろう。それは、あなたたちなのだ。あなたがもしその時代に人として生まれ、わがブッダの最高の教えに気づき、わが言葉の綴られた経典を聞いたならば、そこにはあなたのことが、こう記してあるであろう。

『あなたは輝ける仏国土からわが教えのみをこの世界に広めるためのみに生まれてきた仏のしもべである。かつて数千年前、仏の説く未来の教えの蓮華座の前に連なり、わが弟子として仏の教えを聴いたものである。そしてそこであなたはジュキを誓ったのである。

善男善女よ！　たとえその時代、棒でたたかれ、土塊を投げつけられようと、罵倒、脅迫、非難が加えられようと、あなたの生まれた時代にわが教えを語れ。

別の世界で功徳を積み、その時代、あなたと共にその世界に生まれ変わって来た、あなたと同じ菩薩たちは必ずあなたの声に気がつくであろう。そしてあなたを支持し、共に戦うであろう。そしてあなたとともに、真理の教団が立ち上がるのだ。

その教えとは、今度はこのちっぽけな惑星に留まらず、はるか遠い未知の世界にまで広がり続けるのだ。この世が終わるその時まで、私は私が悟ったすべてをこの世に残していこう。あなた方は何度生まれ変わっても必ずわが教えを見つけ出し、そして学び生まれ変わったその世界に広めよ。それが新しい宇宙を生み出す道であり、この世界が向かっている方向であり、仏の心そのものなのである。

わが教えを信じよ。

わが教えを信じよ。

わが教えを信じよ。

全宇宙、全創造世界に広がる教えはひとつ、仏法のみ。そしてその教えとひとつとなり、あなた自身が仏になるのだ。それが唯一無二、この宇宙の完成であり、最大の仏への献身であるのだ。」

ブッダが最後に咆哮《ほうこう》にも似た声音を上げると、衆生は思わず大歓声を上げ、我先にとブッダに詰め寄り、その御足に額をつけようとしました。これは未来永劫あなたに帰依します、という証しなのである。

しかしビンビサーラ王の家臣たちが混乱を見てとってそれを制止し、ブッダは兵士たちに守られ、ゆっくりと蓮華座を降り、宮廷の奥へとその姿を消すのでした。

◇

◇

インド神話によると、ひとつの時空は誕生、維持、消滅と再生によって成り立っているといいます。人の心とは何かを求めることから形成され、それについて考えることによって維持され、そしてそれが理解できると納得し、消滅します。

しかしブッダは「ジュキ」を使い、消滅した無の状態に再び世界を再生させるのです。

当然、その中の生命たちの生きる目的も、これに従った宇宙を生み出した真空の構造の探究となるわけです。

それがイエスの教えの広まった西方エリアでは、知は外へと向けられ、前述したアリストテレスの地球は丸いとの発見から、ガリレオの天動説、ニュートンの万有引力の法則、アインシュタインの相対論、ニールスボーアの量子力学、シュレディンガーの波動方程式、ハイゼンベルクの不確定性原理、そして、エヴァレッタの並行世界へと続き、日本の南部陽一郎の自発的対称性の破れ、つまり、何もない完全なる調和である真空にいったい誰が、どうやって何の目的で、ビッグバンを起こし、無限の世界の誕生・維持そして破壊再生という、無限のマルチバース宇宙の増殖が行われているのか、という統一場理論・探究の道へと繋がっていくのです。

この世界の優れた研究者たちの探究、これがまさに、真空が自らを認識するという作用に対応した「八正道」そのもので、この進歩から半導体やコンピューターといった、計算機器が生まれ、今では量子コンピューターの重ね合わせの機器はまるで、真空そのもののレプリカへと近づいてきました。

しかし人類は、物理学ではこの真空に宇宙を生み出すその答えにはたどり着くことはできません。やはり、この真空が本質的に人間を通して、知ろうとする自身の本当の姿とは、四段階を一段一段登りつめる如来の悟り以外にはあり得ないのです。

シッダールタは晩年、本物の悟り、つまり、宇宙のはじまりから、その完成の作り方は私の第五の教え以外からは理解することが出来ないと断言しています。

それは、解脱しアラハンとなり、さらに菩薩行を繰り返し、如来となるべき者のみが、その人生において、得る事の出来る生命最大の叡知、「ジュキの教え」ということです。

14　竹林精舎の寄進

控えの間で、ブッダとふたりきりになったビンビサーラ王は、ブッダを上座へと招き、自らはその前の床にひれ伏し、さらなる帰依を誓います。

ビンビサーラ王は、余すところなく、かつて彼が問いかけた言葉に答えてくれたブッダに、ただただ平伏すばかりでした。

「こんな予言をいただけるなんて夢にも思いませんでした。私がこれから三回目の生において、あなたと同じブッダになれるなんて……。

世尊、この世界のために私は今生あなたの教えを保護し、数千年のちに来る末法の世にまで伝えていかなくてはいけないと、はっきりと自覚しました。そしてそれは生まれ変わった自らのためでもあるのですね。世尊、どうかそのために、あなたの教団が安住できる精舎をこのラージャグリハに建立させてください。」

ビンビサーラ王は、予言を受けた身震いが、今はどこかしら来世に大きな使命を果たさなくてはならないという重い使命感となっていました。そしてその自分の心の変化に呼応するように、ブッダに精舎の寄進を願い出たのです。

ここが基点となり、ブッダの教えが、まずインド、そして世界へと未来永劫広まっていく計画を、現実派のビンビサーラ王はすでに頭に描いていたのです。

こうして生まれたのが、マガダ国の首都ラージャグリハの王舎城に今も残る、仏教教団最初の伝道発信基地〝竹林精舎《ちくりんしょうじゃ》〟なのです。

◇　◇

仏教教団のビクたちは通常、遊行の生活、つまり仏の教えをこの世界に広めることを使命としています。しかし、北インド地域は一年のうち三ヵ月が雨季であり、その間ほとんど人が移動することが不可能となります。無理に移動すれば、当時は伝染病や考えられない事故が待っているのです。

またビクたちのための研修施設として、当時の大国であるマガダ国の首都に、ブッダ専用のサンガをもつということは、利便性、ステイタスからいっても最高のことでした。

ビンビサーラ王は、王舎城の、街中からもそう遠くない土地をブッダに寄進しました。そこは一面の竹林であったことから、「竹林精舎」と呼ばれることになります。ここがブッダにとっての飛躍の拠点となったことは、歴史の語るところです。間を置かず、竹林精舎建設工事は始まり、みるみるその全貌が形になっていきました。

それとともに、このサンガにおいて集団生活を送るにあたり、仏はいくつかのルール**「戒」**をつくります。

「戒」とは、集団で生活するうえで、してはいけないことです。モーゼの十戒も、してはいけないこの十個のことで、これにあたります。初期のブッダ・サンガにおいて、戒は四つありました。

1　他人の物は盗むことなかれ。
2　他人を殺すことなかれ。

3 淫行を行うことなかれ。
4 嘘の教えを説いてはいけない。

出家者においては、3のセックスの全面的禁止と、淫らな生活、飲酒、喫煙の禁止と4の嘘の教えを説くことの禁止が、一般社会とは違って、ひとつの特徴といえます。

こうして、四つの戒も決まり、いよいよブッダの教団は、その全貌を形としてこの世に現したのでした。

最初の教団メンバーは、もともと出家修行者だった者がほとんどだったので、ブッダの初期の教団においては、こうした戒を破る者は少なく、またかりに破ったとしても謝罪をすれば許されるという程度のものでした。しかし、時とともに信者が増え、かなりひどい体たらくを見せる者が出てくると、破門といった処罰も始まりました。

さらに教団が大型化すればするほど全体のレベルは当然低くなり、のちにダイバダッタのような仏の教団の運営そのものにダメージを与える者までも出現することになります。

15　スダッタによる祇園精舎の寄進

「なに、シャカ族の王子シッダールタがブッダになって帰ってきて、しかも一千人以上の弟子を連れ、しかもあのカサッパ仙人までを従え、しかもマガダ国のビンビサーラ王がそれに帰依し、あのラージャグリハに巨大な精舎を寄進し、しかも将来ブッダになるという予言まで授けられただと……」

ここはコーサラ国の首都シュラヴァスティの王宮。プラセーナジット王は、臣下から報告を受けると思わずこう叫びました。

コーサラ国は当時北インドにあった十六の王国の中で、マガダ国に次ぐ広大な国土をもった二大国のひとつでした。北のコーサラ、西のマガダという位置関係にあり、仏の生国シャカ国はこのコーサラ国の最北にある一領土、あるいはその属国という立場にありました。

しかしコーサラ国は新興の大国であり、シャカ国は小部族とはいえ歴史ある血統の部族でした。さらに即位したばかりのプラセーナジット王は、粗暴で傍若無人、また血縁も王族ではなく、謀反によってコーサラ国の王権を奪取した人物として噂されていました。

そして当時のインドにあって、この血筋の悪さは大変なコンプレックスでもあったのです。そのため、コーサラ国の人々は一見この王に服従しながらも、心の内では常に王を卑下していました。

プラセーナジット王はなんとしてもこれを見返してやろうと、血脈正しいシャカ国から自分の后をもらおうと思いつきます。そして自分の息子の代からは、誰もが認める血統正しき家系になりたいと画策します。しかもそのシャカ国から、あの数千年に一度しかこの世に出現しないブッダが現れたということを耳にすると、プラセーナジット王はいっそう強くシャカ国から后を得たいと熱望し、直々に大臣を遣わし、この件を依頼しました。

◇

◇

そんなコーサラ国の首都にスダッタというひとりの長者が住んでいました。

スダッタは手広く商いを営み、マガダ国にも年に二、三度訪れる国際派経営者でした。

そんなスダッタの妻はマガダ国出身で、彼はマガダ国に出張に来るたび、ラージャグリハにある妻の実家に寝泊まりしていました。家には妻の兄がいて、彼が来るたびいつも温かく迎え、もてなしてくれます。

しかし、ある時いつものように妻の実家を訪れると、どうも様子が違います。

兄は、スダッタが訪ねると言いました。

「明日、ブッダがこの家に来てくださるのだ。」

「ブッダ……」

あの何百億年に一度しかこの世に現れない伝説の聖者ブッダ、そのような方が明日、この家を訪れるというのか。しかもそんな瞬間に私は偶然にも居合わせている。

そういえばアシタ仙人が昔、シャカ国の王子が生まれた時、ブッダになるという予言をし、その後その息子は出家し行方知れずという。しかし最近、マガダ国へ千人の弟子たちを引き連れ現れて、このラージャグリハの郊外にビンビサーラ王から精舎の寄進を受けたという。しかもそのビンビサーラ王は、毎朝ブッダの所へ通いその教えを受けるばかりか、宮殿に大聖堂を創り、家臣や領民にもその教えを聴かせ、さしずめこの大国マガダ国ごと完全にブッダに帰依してしまったようだという。

スダッタは言いました。

「兄者、私はもしかすると凄い瞬間に居合わせてしまったのではないですか。」

「弟よ、凄いなんてものではない。明日、我々は神をお迎えするのだ。粗相のないようにしなくてはならない。」

その夜スダッタは興奮して眠れず、早朝、思わず竹林精舎へブッダを訪ねてしまいました。アポイントも何もなく突然訪ねたスダッタでしたが、早朝からすでに多くの修行者が目を覚まし活動しているブッダ精舎の有様を見て、その団体の優秀さを理解するのにさほど時間はかかりませんでした。

僧侶たちは皆、朝の托鉢《たくはつ》に出かけるところでした。

「ここにブッダ様がいるのだ。」

そう思うと居ても立ってもいられません。スダッタは、ゲートで自分の身分を明かすと快く精舎の中へと迎え入れられ、ブッダが居住するという門のすぐ脇にある粗末な小屋へと向かいます。

ブッダはこの時すでに起きていて、精舎の中を散策していました。そんなブッダに、運良くスダッタはばったりと出くわします。ブッダ教団はそのコスチュームカラーとして、褐色の衣を身にまとっていました。これなら遠目に見ても、いずれの団体の僧侶が歩いているのかが一目でわかります。

スダッタは赤い衣を着た若いお坊さんたちの間を抜けると、向こうから威厳ある僧が、樹々の間からゆっくりとこちらに歩いてきます。スダッタは一目見てそれがブッダであることに気がつき、小走りに近づいて、思わず土下座して地べたにひれ伏しました。

ブッダは、スダッタの地にひれ伏す姿を見ると一瞬ですべてを悟り、優しくこの尊豊なる長者に語りかけました。

「善男子よ、顔を上げなさい。あなたの信仰は今、天に叶ったのです。天上天下唯一なる者、ブッダに何なりと質問しなさい。」

スダッタは緊張し、あわてて何が何やらわからず、思わずこう尋ねてしまいました。

「神様、昨日はよくお休みになられましたでしょうか。」

◇　◇

「祇園精舎《ぎおんしょうじゃ》の鐘の音は諸行無常の響きあり、沙羅双樹《さらそうじゅ》の花の色は盛者必衰《せいじゃひっすい》のことわりをあらわす。おごれる者は久しからず……」

現在の日本人なら誰もが知る平家物語の冒頭に出てくる祇園精舎というのは、こののち、このスダッタが自分の国コーサラに帰り、ブッダのためにその資産のすべてを注ぎ込み、寄進したお釈迦様のサンガのことです。

スダッタはブッダに一目会い、仏法を世界に広めることを面前で誓います。そしてマガダ国のビンビサーラ王が寄進した竹林精舎に負けない、すばらしいサンガをブッダに寄進しようと、すべての財をなげうって、この大事業に人生をかけることになるのです。

彼はまず、コーサラ国内の最も適した土地として、ジェーダ王子の所有するマンゴー園に目をつけます。しかし太子はその園がお気に入りで、譲渡を断ります。しかしスダッタはあきらめません。ジェーダ王子もそれならばと冗談半分で、「あの広大な園いっぱいに敷き詰められるほどの黄金を払うならば、売ってやろう。」と言いました。

するとスダッタは、その日から自分の所有するすべての物を売り払い黄金に変え、園に敷き始めます。ジェーダ王子は驚いて彼を尋ね、理由を聞くとさらに驚いて、自分のしたことをスダッタに謝りました。ブッダに寄進するのであればなぜ早く言わなかったのかと、なかば呆れ顔で、この広大な園をブッダに寄進しました。

ジェーダとは漢字で「祇陀」と書きます。この〝ジェーダの寄進した園〟という意味で、その後日本では、この精舎のことを祇園精舎といい、今に伝わります。京都の祇園祭りは言うまでもなく、ここからきています。

こうしてマガダ国では〝竹林精舎〟を国王ビンビサーラが寄進し、今またコーサラ国ではスダッタの働きにより、当時随一の規模と設備とうたわれた〝祇園精舎〟を保有することになりました。当時のブッダのステイタスとはいかなるものか、ここからわかると思います。

釈迦はこの時から、この西の祇園精舎と東の竹林精舎の間、約五〇〇キロをその生涯で四十八回行き交いしたと言われています。その間、マガダ国の北にある、ヴァッジ国でも精舎が建立され、多くの国々はブッダの来訪を懇願したと言います。すでに仏の教えはこの時点で国家という枠組みを超え、拡大期に入っていたといえるでしょう。

16　集う弟子たち

またこの頃になると、のちの時代にブッダとともに経典に名を残すことになる有能な弟子たちも続々と教団に入信し、その名を連ねています。

まず、ブッダとともにウルベラーで修行した五ビクのうちのアッサジに感化され、親友同士でブッダの教団に身を投じたモッガーラーナとシャーリプトラです。

このふたりは仏の教えと出会う前、別の教団に所属していました。サンジャという現代では懐疑論者と呼ばれる人物の主宰する五百人程度の団体の幹部をしていました。しかし、シャーリプトラとモッガーラーナがサンジャを離れ、ブッダの教団に身を投じると、サンジャの弟子の半分二百五十人ほどが、ふたりとともにブッダの教団に入信しました。のちにこのふたりは、ブッダの教団の実務面を支える重要な人物へと育っていきます。

そしてこの頃になると、他の多くの国々からさらにブッダの話を聞きつけ、大勢の若者たちがわれ先にとブッダの教団に集まってきました。

ブッダの教え方の特徴は、人を戒律で縛るのでなく、各自がもっている最もすばらしい部分を見つけ、それを伸ばしていくという点でした。ブッダは各弟子たちの個性と才能を見つけ出す天才なのです。ブッダはすべての弟子の名とその特徴を覚えていて、ある日の説法でこう言いました。

「弟子たちよ、これらはわが弟子の中における第一のものなり。出家して久しきものの第一は智者コーンダンニャなり。智慧の第一はシャーリプトラなり。不思議の力をもつ第一はマハーモッガラーナなり。清貧を説くものの第一はマハーカサッパなり。世にこえたる仏眼をもつものの第一はアヌルッダなり。生まれ家の高きものの第一はバッディヤ・カーリゴーダヤプッタなり。好《よ》き声の持ち主の第一はラクンタカ・バッディヤなり。獅子《しし》吼《く》をなすものの第一はピンドゥラ・バーラドゥヴァージャなり。説教者の第一はプンナ・マンターニプッタなり。短く説かれたるをつまびらかに解説するものの第一はマハーカッチャーナなり。

弟子たちよ。わが弟子にして思いをもって姿を現わすことの第一、心を解脱するに巧みなることの第一はチューラパンタカなり。智における解脱に巧みなることの第一はマハーパンタカなり。

平和の心に住することの第一と、施しに値せる者の第一とはスプーチィなり。森に住むことの第一はレーヴァタ・カディラヴァニャなり。心やすらいの第一はカンカー・レーヴァタなり。そむことなくいそしむ者の第一はソーナ・コーリヴィーサなり。美わしき言葉をなす者の第一はソーナ・クティ・カンナなり。托鉢のよき手の第一はシーヴァリなり。信ずる心に強き第一はヴァッカリなり。

弟子たちよ、わが弟子にして学ぶことを好む第一はラーフラなり。信心をもって出家せる第一はラッタパーラなり。始めに食のふだを得たる者の第一はクンダターナなり。詩人の第一はウパセーナ・ヴァンガンダ・プッタなり。ふしどをしつらえる第一はダッバ・マルラプッタなり。諸神のおぼえめでたき者の第一はピリンダ・ヴァッチャなり。機敏の天分をもつ第一はバーヒヤ・ダールチーリャなり。説法のゆきとどける第一はクマーラ・カサッパなり。さわりなき分前をたたえる第一はマハーコーティタなり。

弟子たちよ、わが弟子にして聞くこと最も多く、悟り深く、記憶すること強く、怠ることなく、しかして我に傍近くつかえたる第一はウルヴェーラ・カサッパなり。家々を喜ばす第一はカールダーイーなり。やむことなき第一はバックラなり。さきつ世の思いにたけたる第一はソービタなり。集いの掟を守る第一はウパーリなり。女修行者を教え導く第一はナンダカなり。眼耳鼻舌身などの諸根の門をよく守る者の第一はナンダなり。弟子たちを教え導く第一はマハーカッピナなり。火のことに巧みなる第一はサーガタなり。問いを

立つるに第一はラーダなり。鹿衣をまとう第一はモーガラージャなり。」（仏教聖典より）

ブッダは余すことなく弟子の名を呼び一人ひとりの持つよい部分を褒めることで、弟子のやる気を十二分に発揮させるのです。

ブッダに名前を呼ばれ、しかもこうして褒められた者たちは、その後より一層仏法の修業と伝道に打ち込んだことは言うまでもありません。

また初期のブッダの教えのもうひとつの特徴は、すべての人は平等ということにあります。

「各自はそれぞれのカルマを背負って別々なカーストに属しているが、今生、仏に帰依し、解脱し、虚空会に登り、ジュキを誓って努力すれば、皆等しく転生の果てに最後は仏になるのだ。だから人の生まれ育ちで差別することなどまったく意味がない。」

これが、その教えの骨子といえるでしょう。

「解脱とは何か。」

「それは心をこの三次元の損得から隔離し、真空と同化させ、肉体を持ちながらも空の中に生きる状態となること―**アラハンの悟り**」

「正しい生き方とは何か。」

「宇宙の始まりから完成までの悟りのみを、生涯を通じ求める生き方―**大菩薩の悟り**」

「真理とは何か。」

「無限の如来たちがそれぞれの世界において、弟子たちを解脱させ、宇宙の始まる前の真空へと導き、そこでジュキを授ける事により、始まりから終わりまでのすべてが完成し、それが真空であるという事を悟ること―**如来の悟り**」

「宇宙の完成とは何か。」

「人間とは真空の過去世のひとつであり、その人間たちを自らに帰依させ、解脱させ、宇宙がはじまる前の真空に昇らせ、そこでジュキを授け、ビッグバンを起こし、新たな世界に送り出し、そこで新しいブッダたちを生み出し、宇宙を完全なる悟りで満たすこと。」

「そしてこの作業を如来自らが三次元世界で行い、完成させることが、全創造世界を再び無に帰す滅尽の完成なのです。」

つまり、弟子たちにジュキを授け終わったブッダとしての人生の完成そのものが、この『**第四段階の如来における全創造世界の完成**』にあたるのです。

ブッダは、この世に人間の姿をまとい降りてきて、弟子をとり、ビッグバンの起こし方を教え、この仏法を広める無限の連鎖をつくっているのです。この連鎖の果てが無であり、同時にそれはすべての世界があるということでもあり、何もないということでもあるのです。

しかし、こんな崇高な形而上学的理屈をいきなり一般の人々に言っても、皆、耳から脳みそが出てきてしまうので、ブッダは簡単な教えから始め、段階を経て弟子たちを育成していく方法をとります。

あなたもベーシックな教えから学び、瞑想し、解脱し、ジュキを受け、さらには生まれ変わった修行の果てにこの悟りを身に付け、いずれかの未来世には如来として自らの教えを説くべく、勉強するためにこの世界に生まれてきたのです。

人間が生まれてくる目的とは、これただひとつのみなのです。

17　庶民に対するブッダの教え方

「世尊、私も仏法を学び、あなたのように悟りを開き、生きとし生けるすべての者を導ける仏になりたい。どうか教えてください、その道を。そこへ至るプロセスを。」

ある初老の男性が、ある日こうブッダに懇請しました。そして続けます。

「しかし、私はお金も欲しい。贅沢もしたい。女も欲しい。たくさんの部下をしたがえる大社長にもなりたい。出家するのも嫌だし、酒もやめられない。」

ブッダは答えます。

「あなたは今まさに、乗っていた船が転覆し、自らが大海に投げ出され、沈もうとしている時に、お金や財や出世や肉欲や飲酒のことを考えるだろうか。

この世界に生まれるということが、まさに苦しみの大海に投げ出されたことであり、愚かな人々は自らが溺れて沈もうとしているにもかかわらず、お金や財や出世や肉欲や飲酒という重しから手を離すことができない。欲望に目を向けることによって、今まさに沈もうとしている恐怖を忘れ去ろうとしているにすぎない。

そして、それとともに沈んでいくのである。死してなお、この重しは魂から離れず、人間界においても天界においても地獄の中に生きることになる。

仏法という仏の投げた救済の縄があなたの背後にあって、手を伸ばせばそれに届く、その縄は、天国はおろかこの宇宙の王である仏の地位にまでつながっているというのに、人々はそれに気づこうともしない。

あなたはしかし、今その縄の存在に気がついたにもかかわらず、苦の大海の底へとあなたを埋没させる欲望という重荷になお執着している。この意味がわかりますか？」

男は、「はい。」と言ってうなずき、そのまま仏の教団への出家を希望しました。

しかし仏は、

「あなたの身体はまだ出家するには欲望の垢がとれきれていない。しばらく在家の者として日々瞑想に励み、私の教えを朝晩座読しなさい。そして三年経ったら再びここへ来なさい。その時、受け入れよう。」

仏は一般の人に対しては、その生活と心のレベルとを鑑み、無理に修行させたりせず、その人の覚醒度に応じた指導を心がけました。また、ナーランダ近郊のとある村に仏が滞在していた時、近くの村の村長が来て、ブッダに問いかけました。この男はブッダの噂を聞き、少し試してやろうという気持ちで仏の所へやって来たのです。男は言いました。

「バラモンたちが言うには、彼らが祈祷の儀式を行えば、地獄へ落ちた死者でさえ、たちまち天上界に再生するという。どうだい、おまえさんにも同じことがやれるかい？

魂が地獄に落ちても、バラモンが祈ればこうして人は救われるんだ。」

村長の態度はかなり傲慢でしたが、仏はそれを気にとめることもなく答えられました。

「その問いに答える前に村長よ、私からあなたにひとつ質問したい。湖があって、その湖に大きな石を投げ込む。すると、石は沈むだろう。そのあとで人々が集まって、湖の周りで『石よ浮かべ、石よ浮かべ』と祈願したとしよう。そうすれば村長よ、沈んだ石は再び浮き上がってくるであろうか？」

村長は答えます。

「いいや、そんなことはない。一度沈んだ石は何をしようと拝もうと、浮かび上がってくることはない。」

「村長よ、それと同じで、生前さんざんに悪行を積み重ねた者は、死後地獄に堕ちる。誰がいくら祈願をやったところで、その者が天上界に生まれることは決してないのだ。」

ブッダは語りました。

「村長、よく聴きなさい。今度は瓶に油を入れて、それを湖に投じたとしよう。瓶が割れて油が浮き上がってきたとする。そこで人々が『油よ沈め、油よ沈め』とご祈願する。すると、油は沈むだろうか？」

村長は答えます。

「いいえ、そんなことはありません。油は浮くに決まっています。」

「そう、それと同じで、生前に善行を積んだ者は、死後天上界に生まれる。その人は地獄に堕ちることは決してない。」

村長よ、あなたの質問に対する、これが私の答えです。そういう盲語を言うバラモンには注意するように。盲語を語り人々を惑わすこと、すなわち地獄へ堕ちる原因なり。」

村長は「よくわかりました。」と言って、納得します。

彼はその場でブッダに帰依し、仏教の在家信者となりました。

ブッダは一般の人々に教えを語る場合、たいてい、まず相手の質問を聞いて、それに答えるという形をとり、譬《たと》えをもって相手を悟らせるという手法をとります。

さらに仏法に対し、質問すらできないおばさんや子供、おじいちゃんといった庶民的な人々には、こんな譬えを使った教え方までしています。現代風な言葉でアレンジすると、実にユニークで飽きない譬え話です。

「ここに、メイウェザーと井上ナオヤがいたとしよう。

メイウェザーの頭には鉢巻きが巻かれ、その額の部分には輝くダイヤモンドが付けられていた。ふたりの試合が開始されると、井上ナオヤのパンチが、すかさずメイウェザーの額をとらえた。そして、額にあったダイヤモンドはなんとメイウェザーのおでこの中へと入ってしまった。試合後、ダイヤの行方を聞くメイウェザーに、このことを言ってもまったく信じない。

『輝くダイヤはあなたの中にあるのですよ。』

しかし、そんな物が自分の中に入ってしまったことを、どう説明してもメイウェザーは信じられず、結局これを取り出すことはできなかった。

そう、まさしく、〝真理の悟り〟とは、このようにあなたの中にあるのだ。

しかし、人に言われてもそれが信じられず、見つけられず、人々は人生を終えてしまう。瞑想と教えによって、自分の中に入ってしまったこの〝輝ける真我〟というダイヤを見つけることこそ、この世に生まれてきた目的である。」

ブッダは、通常はマガダ語、コーサラ国へ行った場合はコーサラ語を使い、人々と対話していました。当時の人々は皆、その地理的条件によって、三ヵ国語くらいは使い分けて話していたといわれます。

ブッダはそれ以上で、常にその土地、その国、そこへ集った人々に合わせ、話の内容とそのレベル、使う言葉を適切に選択し、説法を繰り返しました。

また、十年、二十年という指導のもと、弟子たちのレベルも徐々に上がり、さらに仏に対する帰依心が強固なものになるにしたがって、さらに自らの教えのレベルも段階的に上げていきました。

そして人生の晩年、最後に〝全創造世界の構造そのもの〟つまり〝真空そのもの〟を言葉にし、弟子たちに託していったのです。

ブッダに未来永劫の帰依を誓った弟子たちは、何度生まれ変わっても、このブッダの最高の教えを見つけ、その世界における伝道を誓います。こうして最後にすべての弟子たちは、その最後の生において、教えと一体となり、皆如来となるのです。

また、ブッダ一代でたくさんのレベル、たくさんの種類の教えが生まれ、そののち、人々は生まれ変わった人生で、それぞれ自分のレベルにあった教えを信奉するようになり、ひとつの仏の教えの中に多くの宗派が生まれ、多くの国、多くの民族に仏法が広がる結果となったのです。

これはすべてブッダが生前に計画的になされた如来の御業なのです。こうして仏の教えは、全世界、人種、文化を越えて、人類の灯火として定着していきました。

いきなり「悟り」が、ビッグバンの
起こし方だと言ってもわかるまい！
まずは「四聖諦」と「八正道」から
説き明かそうか！

第4部　如来の一生

～晩年のブッダ～

18　釈迦国への帰還

マガダ国の首都ラージャグリハにおける竹林精舎の建立、コーサラ国の首都シュラヴァスティーにおける祇園精舎の建立、さらには当時のインドでは空前絶後の数千人にのぼる弟子たちの帰依、超大国の王様、大臣、巨大起業家、さらには有名人、著名人たちからの寄付など。

ブッダの名声は、当時北インドに存在した大小十六のすべての国々へと、またたく間に広がっていきました。当然、その最北、ヒマラヤの麓にあるシッダールタの生まれ故郷シャカ国にもその風聞は辿り着きました。

父である王のスットダナーは、息子シッダールタの名声を聞くと、

「我が息子がブッダとなった……」

と、言葉が続きません。そして、

「何とか会えないものか。」と家臣たちをブッダのもとへ送り、故郷カピトラヴァストゥへの帰郷を懇請します。

しかし、使者としてブッダに会ったスットダナーの家臣たちは皆、王の命令などすぐに

忘れ、次々とブッダに弟子入りしてしまいました。

スットダナーは最後に、大臣のウダーインをシッダールタのもとへ送り、伝言を託しました。しかし案の定、他の使者と同様、行ったきり、いつになっても帰ってきません。ウダーインもまた、ブッダに会ったとたん感化され、王スットダナーの件など忘れ、その弟子となってしまっていたのでした。

しかしウダーインは、一ヵ月くらい経ったある朝、托鉢中に「あっ、そうだ。」と、スットダナー王の命を思い出しました。そして、彼はそれをその日のうちにブッダに話しました。

「仏の父君であられるシャカ国のスットダナー王が、一度シャカ国に帰ってきてほしいそうです。」

教団の基礎も固まり、弟子たちにもようやく落着きと気品が満ち、創業から発展充実期へと、その救世の事業が向かおうとしているところでした。ブッダは、父スットダナーからの託けを快く受け入れ、出家後初めて、故郷カピトラヴァストゥへと帰ることにしました。この返答は、早馬によってすぐにスットダナー王の耳に入りました。

「息子シッダールタが帰って来る……」

息子の出家以来、実に十三年の歳月が経っています。いったい、いかばかりのものか。間もなく、弟子百人を引き連れて、ブッダは故郷カピトラヴァストゥへと帰ってきました。しかし、街中を托鉢して歩くだけで、一向に城へは近づこうとしません。

たまりかねた父スットダナーは、従者にこう伝言させます。

「わが王家の財をもってすれば、そなたや弟子たちを養うことは簡単である。どうか乞食の真似だけはしないでくれ。」

それに対し、ブッダはこう答えました。

「ブッダの家系にあっては、托鉢で生きるのが正しい伝統なのです。」

ブッダは、この世界で血のつながりで生きているのではなく、この無限の平行世界に逗留し教えを説く仏たちとは、皆その世界の人々からの寄進によって生きていると言いたいのです。人間の目と仏の目の埋まることのない、愕然とした違いがそこにはありました。

カピトラヴァストゥでブッダは、城に近いニグローダ樹の園に弟子たちとともに寝起きしていました。

シャカ族の人々は当然、昔出家した皇太子がブッダとなり帰還したと聞き、ひと目その姿を見てみたいという好奇心に駆られました

19　妻ヤショダラと子ラーフラに対する教え

シャカ族は、コーサラ国やマガダ国よりもその血統は遥かに古く、伝説の王オッカークをその祖とし、現在十六に分かれたインドの諸王国が成立する以前から、このヒマラヤの麓に毅然として住する誇り高い部族といわれていました。

コーサラ国などは、このシャカ族の支流から起こった国といわれています。勇気あり、智慧に優れ、その生活は豊かであったと仏典は伝えています。

国土は日本の千葉県くらいの大きさで、小さいながらも国は繁栄し、人々はシャカ族であるという誇りに満ち溢れていました。そんなシャカ族を捨て出家した、自分たちの次代の王になるはずだった人が、今その生まれ故郷に帰ってきたのです。

人々は初め、この元皇子を不信と侮りの目で見ていました。しかし、その姿、その声音に接すると、すぐにその偉大さを悟り、先を争って仏に帰依しました。

しかし、やはりその身内、スットダナー王、そして元妻のヤショダラにとってシッダールタは昔のままのシッダールタ、息子であり、自分を捨てた夫でしかありません。とくに元妻のヤショダラはいつまでも捨てられたことを恨んでいて、カピトラヴァストゥに滞在するブッダに対し、その息子ラーフラにこう言います。

「あの人があなたのお父様よ。行って財産をくださいと言っておやり。息子はね、父親から財産を貰えるものなんですから。」

こう言い含められて、ラーフラはブッダのもとへと使わされました。そして、言われたとおり、

「お父さん、私に財産をください！」

と言いました。ブッダはそのままラーフラの手を取り、

「仏の教えのすべてをあなたにあげよう。」

と、息子も弟子とし、教団へ連れていってしまいました。

この話を聞くとヤショダラは烈火のごとく怒りましたが、あとの祭りです。ヤショダラはかなり気の強い女性でした。

ブッダの母マーヤは、ブッダを生むと間もなく息をひきとりました。後妻として父王はマハープラジャパティという人を迎え、ブッダは幼少期をこの人を乳母として育ちます。

そのマハープラジャパティと実父スッドダナーが、やがて子をもうけました。それがナンダです。やがてナンダはたくましい青年となり、結婚することになりました。それはそ

れは美しい后でした。

このナンダが、シッダールタなきあとのシャカ族の王となる予定でした。

そんなナンダに、式の当日、ブッダはこう言いました。

「ナンダよ、あそこにいる赤ら顔のサルと汝の后とどちらが美しいか？」

「そりゃあ、もちろん私の后です。」

次にブッダは、神通力でナンダに天界のビジョンを見せ、こう言いました。

「ナンダよ、あそこの天女と汝の妻とどちらが美しいか？」

ナンダは天女の美しさに我を忘れて、こう答えます。

「そりゃあ、あの天女です。人間の美しさを遥かに超えています。」

「ナンダよ、あなたが修行すれば、この美しい天女と結婚できるのだよ。」

ナンダはかくして、天女目当てに修行に入ることにしました。

しかし、やがてナンダは修行によって、天女よりも尊い悟りの喜びを知ることになります。そして、一切の人間の欲を捨て、立派な修行者になったといいます。

20　父スットダナーへの説法

やがてスットダナー王は一向に宮殿に姿を現さない仏にしびれをきらせ、自らニグローダ樹園を尋ねることにしました。そして、行ってみると、その様子に肝をつぶします。仏を中心として、僧侶はいうまでもなく、自分の国の大臣、顧問官、兵士、商人、さらには賎民にいたるまでが大勢わけへだてなく同じ地面にすわり、息子シッダールタの話に聞き入っているではありませんか。

そのため、あとからきたスットダナー王は、なんと賎民の後ろに腰をおろさなくてはなりません。ここではすべての人が人間の地位や生まれに関係なく平等なのです。バラモン、クシャトリア、バイシャ、スードラ、今も有名なカーストという考え方がインドでもっとも強かった時代に、スットダナー王にとってこの光景はあまりにも異様でした。

スットダナー王はナンダやラーフラまで奪われた怒りを通り越して、まるで自分の息子がこの世界を壊しているのではないかという錯覚に目もくらむばかりでした。やがて後列にいた大臣のひとりが、スットダナー王の姿に気がつきます。仏の説法中、声を出したり立ち上がったりすることは大きな失礼にあたります。

しかし、この大臣は一瞬で事態をのみこみ無言で席を辞し、人々の背後にまわり、小走りにスットダナー王のもとへ近寄り、ひざまづきました。

そして小声で、「大王様、こちらの席へ。」そういって、スットダナー王をたくみに最上座の仏の真横の席へと導きます。そこは、王のためにとあえて空けられていた場所だったのです。

そしてスットダナー王をそこへ座らせると、自分は最後部へと姿を消していきました。機転のきく人なのです。スットダナー王は近くでまざまざと十三年ぶりに自分の息子を見て再び驚きます。その威厳、その声音、その落ち着き、そしてそのカリスマ性。その言葉に聞き入る人たちは誰一人、瞬きもせずわが息子を凝視しています。

そして、息子とはいえ、なんと老けたことか、もうすっかり青年期を越え、その顔は中年の域に入りつつあります。仏は語ります。この世をこえたあの世、いえ、あの世もこえたこの宇宙全体のしくみについてを……。

「この世界には生まれながらに四つの階級がある。

バラモン、バイシャ、クシャトリア、そしてスードラ。しかし、人間は死してのち、肉体を失くしたならば、この階級はどこへいってしまうであろう。どこにもありはしないではないか。そう、この階級ははじめから存在しないのだ。人々は生まれながらに平等であり、その才覚、人間性によってこの地上に地位を与えられる。そして死後、その功徳によって一段また一段と天界の序列を上がり、そして最後はみな仏になるのだ。仏となった時、あなたはどうするだろう。ただ一人完全なる完成者として生まれることも死ぬこともない、最高の境地にただただひたすら甘んじているだろうか。否。

慈悲深き仏は、時空をこえた最高の次元から再び宇宙を創造し、自らその世界へと降りていき、人間の姿を借り、汚辱にまみれ欲得に苦しむ民衆のもとに生まれ、そして修行し、自らが再び仏だと悟り、そしてこの宇宙のしくみのすべてを解き明かすべく、人々に教えを説くのだ。そしてそれが今、あなたの目の前にいる私だ。

この世に生まれるために父親があり、母親がある。しかし、その父親が生まれるためには祖父があり、祖父母がある。これをたどっていくと、すべての生命はみなこの地球、この銀河、この宇宙、そしてこの宇宙を生み出せし者、さらには何も始まってもいない状態、空へとたどりつくのだ。そう、そしてあなたはどこからきたのか、この空から生まれ出てきたのだ。誰がどうやってこの空の中に宇宙を生み出したのか、それは各世界にいる仏がジュキによって永遠に宇宙を生み出し続けているのだ。そう、解脱し、この世界の法則の一切を悟った仏は、時空が生まれる以前の存在であり、この宇宙の創造者であり、生きとし生けるすべての者の父親であるのだ。

心あるものは聞け。では、何ゆえこの苦しい世界に仏はあえてやってきたのか。それは、あなたがた一人ひとりが仏の過去世であるからなのだ。あなたがたが、この仏法の存在に気づき、そして修行していくことのゴールはなんと自らが仏であることを悟ることだということに気がつくであろう。そう、そして今度は、仏となったあなたがた一人ひとりに悟りを開かせること自体が仏が生まれた起因なのだ。それは仏が生まれた起因であると同時に仏にしかできない天の御業なのだ。真空は人々を教化し、指導し、自らを生み出すためにこの宇宙を創造し、そこへ降り立ってきているのだ。

これが、万物普遍の宇宙の法、仏法である。」

「！」

聡明なスットダナー王は、ブッダと呼ばれるようになったわが息子の話を聞いているうちに、その話を理解し、だんだん自分がちっぽけな存在に思えてきました。こんなちっぽけな国、こんなちっぽけな財産、そしてそれにしがみつき、他人を見下していただけの自分。それに対し仏は全宇宙の王であり、空である。そんな自らを生み出すために、人間世界を作り、そこに肉体を持ち人間と同じ苦しみの条件に耐えながらも人々を教化し、教えを説いている。

単なる血肉の縁でそんな仏をシッダールタなどと呼び捨てにし、宮殿に呼びつけている自分はなんとちっぽけな……。

いつのまにかスットダナー王は家を捨て、妻を捨て、そして国を捨てた息子を怒るどころか、いつの間にか信じ、そして帰依すべき存在ではないかと思い始めていました。

そして、

「ああ、あの時、アシタ仙人が涙してまで欲していた、その偉大なる教えを今、私は耳にしているのか……」

そんな感慨がスットダナーの胸中に静かに浮かびました。

法話が終わると、スットダナーはブッダのお弟子さんを通し、正式に仏として宮殿に招待したいという旨を伝えました。仏は快く承諾し、正式な父子会見という運びになります。この場合、仏の視点から見ると、父とはスットダナーではなく仏であり、子とはひとつの国を任された人間の王、スットダナーのことなのです。

21　すべての生命は仏の子供

父子会見でゆっくりと向き合うと思わず、

「シッダールタ、いや仏よ、何百億年に一度しか現れないという偉大なる聖賢よ、まさか私のかけがえのないひとり息子、愛息がブッダであったとは……」

スットダナーは仏に語りかけました。

しかし、仏はそんな姿勢をまったく意に介さず、

「シャカ族の偉大なる王スットダナーよ。

私はあなたの愛息となるためにこの世に生まれてきたのではありません。私は、この宇宙の一なるモノ、仏の意思によってこの無限に重なり合う平行世界のひとつにつかわされた無限人のブッダのひとりなのです。他の仏たちも今まさに、別の時空において修行し、成道し、仏となり、多くの民から布施を受け、私と同様、偉大なる蓮華座に座り、万物一致の教えを説いているのです。」

「シッダールタ……」

思わず、目の前にいながらも、遠い世界に行ってしまった自らの愛息に対し、スットダ

ナー王は思わずこうもらしました。

「王よ、悲しむことはありません。家族や友人とは、この数え切れないほどの転生輪廻の中、そのたったひとつの生において、たまたまひととき同じ船に乗り合わせた乗客のようなものなのです。血縁にこだわってはなりません。しばし仏との縁は、まさにどんなに生まれ変わっても得がたいものであり、それこそが万物一致の偉大なる血縁なのです。この縁こそ、凡夫が修行し、アラハンとなり、さらにはジュキを受け、生まれ変わったその世界で悟りを開き、自ら仏となるこの宇宙のたったひとつの目的をかなえるため、真空が自らに作りだした宇宙連鎖の法則なのです。一般の人は私をあなたの息子と見るでしょう。しかし、この法の眼を持った人々は、あなたを含めたこの世界すべての人々を私の息子と呼ぶのです。」

「シッダールタ……」

思わず、スッドダナー王は再びため息を交えて、自らの愛する息子の名を呼びました。

「私の方が息子だなんて……」

スッドダナー王は、仏から自分が仏法の上では仏の息子であるという言葉を言われそれを理解しながらも、どうしても納得することはできませんでした。

しかし、スットダナー王は気をとり直して、

「偉大なるブッダよ、私は血縁をこえてあなたの息子となり、未来永劫仏に帰依いたします。その証拠として、私はあなたにこの国の財宝の半分を寄進しましょう。」

こう申し出ました。

仏はゆっくり頷き、その提案を受け入れました。

そして、もうひとつ、スットダナー王は仏に質問しました。

「仏よ、実は……」

「実は、あの強大なコーサラ国のプラセーナジット王が、その妻にわがシャカ国の王家の血筋をひく娘を欲しているのです。しかし、あの粗放で蒙昧無知なプラセーナジット王に果たしてこの血統正しきシャカ国の血縁者を嫁がせていいものかどうか迷っています。」

スットダナー王はこう尋ねました。

仏は答えます。

「それはすばらしいことです。蒙昧無知な血統にシャカ国の勤勉で飾らない、すばらしい血脈が注がれれば、コーサラ国はすばらしい王子を手にすることができるでしょう。両国とも友好が深まり、それは一国だけでなく、このインド全体にとってもこの上ない利益

を生む原因となります。」

「……」

スットダナー王はこの言葉に返答することなく黙っていました。

スットダナー王は再び仏に問います。

「では、もしこの縁談を断る、もしくはわがシャカ族の王家の血脈以外の者がコーサラ王に嫁ぎし時にいかなる結果が待ち受けているでしょう。」

仏はこの時、すでに気づいていました。

シャカ国はコーサラ国に王家の血脈以外の者を嫁がせようと、はかりごとを巡らしていることを。そして、それはすでに行われているということを。

仏は答えます。

「その時は、シャカ族に考えられない災いが降り注ぐことになります。」

そして、こういうと、その場を立ち王宮をあとにしました。

そして弟子たちと共にコーサラ国にある祇園精舎へと戻っていきました。

仏は、その後も何度かシャカ国を訪問し、説法し、教化をくり返しました。そのため、多くの若者たちがわれ先にと仏の教団へと身を投じ、出家してしまいました。

自分たちの種族からブッダが出ることは、当時、特別な誇りと意味をその国の人たちに与えます。

アヌルッダ、バッテイヤ、アーナンダ、キンビア、バベ、ダイバダッタ、ウパリなど。それこそ、将来、シャカ国を背負って立つべき優れた若者たちが、争って仏の教団へと出家していったのです。これが原因で、後にシャカ国はその政治、民生、軍事文化といったあらゆる面において、その担い手を失い、止めることができない国として衰亡し、不測の未来へと向かうことになります。

仏はシャカ国から大勢の出家した若者の中で、初めに出家した最も身分の低いウパリに受戒を与えました。ウパリは職業が床屋で、スードラの身分でした。仏の教団は入信した順でその序列が決まります。つまり、シャカ国で最も身分の低いウパリを他のシャカ族の貴族の上座にあえて据えたのです。

これで、シャカ族の王家、そして貴族の青年たちは、日々、ウパリを先輩として敬わなくてはなりません。仏はあえてこうすることで、シャカ族の貴族の若者たちにこの世は平等で、生まれに貴賤上下のへだてはないということを教えようとしたのです。

しかし……。

今ではあまりピンときませんが、当時、身分の高い者たちにとって、これはどうしても受け入れがたい現実なのです。例によって、仏のいないところでウパリにことあるごとにいじめをしかけます。そしてそれは、すぐに仏の耳に入るところとなり、シャカ族のウパリ以下すべての者たちを呼び、こう諭されました。

「おまえたちの目にこの世界がどう見えるのか。木々が芽吹き、山々が立ち並び、川が流れ、人々が暮らし、お互い繁栄を享受するために自然から動物のすべてにいたるまでが協力し合っているではないか。それなのに何故、人間は、お前たちは身分や差別などというありもしないものを生みだし対立し合うのか。仏の弟子たるもの、生きとし生けるものを差別してはならない。いや、それどころか、この大自然の背後にあってすべての生命を育み、教化しようとする者、仏の存在に気がつかねばならないのだ。そして、この宇宙の実相そのものである空が見えなくてはならない。

このうちのたったひとりの者にでも形なき仏の姿が微塵でも見えるものがあれば、ウパリをいじめたりすることはない。若者たちよ、精進せよ。この世界には実体などないのだから。すなわち、身分も何も存在しない。この唯一無二の仏の法を体得せよ。」

それ以降、シャカ族の若者たちは自らの修行に一心不乱に励むようになりました。

22　外道

　コーサラ国、マガダ国、シャカ国、そして当時インドにあった大小十六国の国々は次々とブッダに帰依し、その勢いはとどまることを知りません。その名声はすでにインド全土におよび、誰もがその姿を一目見ようと、連日サンガには人々が押し寄せ、そしてどこへ行ってもブッダの説法会は超満員で、つねに追加公演が必要なほど盛況でした。弟子の数も群を抜き、気がつくとすでに全インドナンバーワンの教団の地位を占めていました。

　しかしそうなると、それをおもしろく思わない者が出てくるのが常です。例によって、当時、サモンとして、みずから教団を組織していた教祖たちの中には、なんとかあのシャカ族の小わっぱを黙らせたいと思うものがいました。

　さらに、悪い団体の信者の中にも屈折した目でブッダを見るものが後をたちません。そういう者たちとは、その憎しみ自体が己自身の過去世の悪業に縁を持つ悪魔が発する性悪なエネルギーであることに気づきもしません。なぜならいつの時代もそうですが、そういうというものは、完全に神との縁が切れ、地獄の悪魔に魅入られて悪いものを良いと思い、真理を侮辱し、憎しみと妬みが行動のベースにある、まさに地獄界の使者たる者たちなのです。

仏教ではさまざまな理由からこうした仏法と縁を持てないどころか新しい宇宙を生み出すための仏の活動を邪魔する者たちのことを、外道《げどう》、餓鬼畜生《がきちくしょう》、ピシャーチ、クンバーンタ、ハジュンなどという強烈な言葉で言い表します。

こうした輩《やから》たちは、それから続くブッダの正法五百年、像法千年、末法さらには最末法に至るまで、生まれ変わって来てその教えを壊すどころかこともあろうに自らブッダと名乗り、仏教教団を立ち上げ、ご利益や変な呪文で人々を騙し、壺を売ったり、仏壇やお墓を分譲したり、果ては寄付をしないと、地獄に落ちると人々を脅し、莫大な金品を巻き上げ社会問題を作り出して行くことになります。それどころか、宇宙に始まりを作るブッダの教えを危ない、怪しいものへと台無しにしてしまいます。

23　邪悪な者たちの嫌がらせ

チャンチーとスンダリーとマーガンディヤー。

これは、当時、さまざまな背景から仏に近づき、その権威を破壊しようとした罪深き女たちの名前です。

まず、チャンチーについての話があります。

コーサラ国の宗教家やサモンたちはいよいよ勢いを増す、仏の教団に意味もなく憎しみを募らせ一人の女を雇い祇園精舎へと差し向けました。それがチャンチーでした。

彼女はいい含められた一計の通り、毎日、夕方になると、なぜか着飾って祇園精舎へと向かいます。そして、仏の説法を聞いて帰る人たちと毎夜すれ違い、精舎の中へ入っていきます。

人々の中には彼女を見知っている人もおり、「あら、チャンチーさん、どこへ行くの？もう説法は終わりよ。」と、尋ねてきます。

するとチャンチーは「ふん、よけいなお世話よ！」と言って、つっけんどんにはねのけ、精舎の中へと入っていく……と見せかけて、実は中へは入らず、そのままどこかへ消えてしまうのでありました。そして、夜になると、またどこかから現れ、今度は朝の説法会へ向かう人とすれ違い、まるで精舎の中から出てきて家に向かって帰るように人々に見せかけるのであります。

これを半年も続けたでしょうか。人々の中にはどうもあの女は精舎の中の誰かと毎夜会っているのかもしれないと、噂が立ち始めたころです。こうした頃合いを見計らい彼女がいよいよ自分の衣の下に布を詰めて、まるでお腹が大きくなってきたかのように装いをはじめました。人々は、ああ、やっぱり精舎の中の誰かとできていて、いよいよ身ごもってしまったと思い始めました。二ヵ月後、チャンチーはさらにお腹を大きく見せるため、丸いお盆をお腹にくくりつけ、ご丁寧に祇園精舎で仏が説法している真ん中に立ち、こう叫びました。

「あんた、偉そうにお説教しているけど、今月分の生活費ちゃんと入れてよ。このお腹の子はあんたの子なのよ。」

人々は何が起こったのかとしばらくきょとんとしましたが、その途端、お腹の中から紐がプッツリと切れてお盆が落ち、大衆の全員は大笑いとなりました。

これがチャンチー事件である。なんとも、ほのぼのとした話です。

◇　◇

しかしスンダリーの事件は、いささか笑いで終わるというわけにはいきません。

なぜなら彼女を雇った者たちが、まず彼女を殺して死体を祇園精舎の溝の中に投げ込み、土をかぶせた。そして、あたかも仏の教団の中で起こった殺人事件として国中に触れ回ったからです。

まず、「スンダリーが行方不明になった。」と騒ぎたて、国王にも訴え出ました。そして、頃合いを見計らって死体を掘り出し、「あのゴータマがスンダリーを弄んだ末に殺して死体を埋めたのだ。」と触れ回ったのでした。

昔は、いや、今もそうかも知れないが、大衆はこぞって煽動され、仏の教団の僧が托鉢に来ても、それから怪訝そうに追い返すケースが頻発しました。

事実、死体が精舎の中から出てきたものだから、仏の教団がこの殺人事件には一見関連性があると思うのは当然のことかもしれないと思うのです。そして、それを煽るように「あのゴータマが女を殺した」と、大衆を煽る悪党たちがいます。

真実など関係なく大衆は扇動され、そのスキャンダル性に刺激を求め、いよいよ仏の教団に対するバッシングが強まり、托鉢僧に石が投げられるようになってしまいました。

しかし、仏はいつものままでした。

「こんなことは如来が教えを説くときにはあたりまえのことなのだ。どんな世界にも悪魔に通じた者たちが大勢おる。私はすでにインドラ神とこの世界に対する仏法の伝道を約束している。仏が負けることは決してないのだ。他の如来たちもみな、こうした迫害を乗り越え、その世界に仏法を定着させたのだ。ブッダの家系に属するものたちよ、まったく恐れることはない。七日間待ってみなさい。愚かな悪党たちは、すぐに仲間割れを起こして消え去るものだ。」

はたして七日目、いや、その前に仏の予言通り、スンダリーを殺した男たちは仲間割れを起こし、町の居酒屋で喧嘩を始めたといいます。

「おまえが殺した！」

「イヤ、俺は運んだだけだ！」

「一番罪の重いのはおまえだ！」

「俺は関係ない！」

騒ぎが予想をはるかに越えて大きくなると、みな怖気ついてしまい、このありさまになるのです。その様子が役人に伝わり、一人が捕まると、イモづる式に一味が逮捕され、ついに黒幕が捕まったのです。

すると大衆は、「やっぱりそうか。ブッダがそんなことをするはずはない。」と、手の平を返したようにスキャンダルは沈静化したのです。

今も昔も、実に人というものは勝手なものです。この事件に際し、じっと迫害に耐えた仏とその弟子たち。この凛然とした態度は後の世に伝わることとなりました。

◇　◇

そしてもう一人の女性、マーガンディヤーの背景には、こうした組織や陰謀はありませんでした。

それどころか、はじめ彼女はブッダの熱烈な信者であり、実に人間らしいといえば人間らしい女性だったのです。しかし、説教も聞いてもいないので、その教えを全然わかっていませんでした。なぜなら彼女は、なんとブッダと結婚したいと本気で考えていたのです。

マーガンディヤーは当時、絶世の美女とうたわれた女性で、まさしく両親は目に入れても痛くないというかわいがりようでした。

両親は、本当は誰とも結婚させず、自分たちの手元にこの娘をいつまでも置いておきたいと思っていましたが、この両親が仏に会うと、自分の娘の婿にこの人がよいと一目で惚れ込んでしまったから、さあ大変なのです。

なんと、この両親は、「還俗して我が娘をもらってほしい……」と、娘の結婚をブッダに申し入れました。

仏は思わず失笑したのではないでしょうか。そして優しく両親にこう語りました。

「確かに聡明な女性が良き男性と一緒になれるのはすばらしいことです。健康な二人からは子が生まれ、世代を重ね、子々孫々と家系が続くことを望むのは悪いことではありません。しかし、仏と結婚するということは如来に帰依し、解脱することであり、仏の子を生むということは如来の道へと人々を招き入れ、その人を感化し、鉄壁の伝道者へと育て上げることなのです。

これがすなわち、仏と結婚することであり、仏の子を産み育てることであり、またその子供たちが多くの人々をさらに仏の門下へと招き入れ、代を重ねて一切の人類がみな仏一筋の道とつながりしとき、それをブッダの家系が子々孫々大繁栄したというのです。

人間一代はどんなに健康であろうと、美しくあろうと、みな老い、病に臥し、そしてやがて死にゆく存在なのです。そんな人間の一生に執着してはいけませんし、人間の一生とは、みな自分が仏の子であることにまず気がつき、自らも仏になるために努力するためにあるのです。これが本当の仏に対する親孝行であり、一切の衆生が心がけるべき最初の教えなのです。これがわかりますか？」

マーガンディヤーの両親は、この仏の巧みな説法に感銘感化され、そのまま出家してしまいました。その場で仏と結婚したのです。そして、仏法を学び、その後、この二人は多くの村へと仏法の伝道へと赴き、多くの人々をその法門へと誘い、たくさんの仏の子を生み出しました。

マーガンディヤーの両親に関する限りは、これで最良の結果となりました。しかし、この結果に激怒した者がいます。

当のマーガンディヤーでした。彼女はその後、帰らぬ両親は釈迦がたぶらかし、自分がばかにされたのみならず、家庭まで奪われたことに大きな憎しみを終生かかえることになります。

「何が仏だ。くされボウズ！　私をこんなに不幸にしておいて何が仏法の道だ！」

こう言って仏に対して復讐を誓ったのです。

その後、マーガンディヤーは、コーサンビー国のウデーナ王に迎えられ、その妃となります。現世では、その美しさは女の絶対の武器となったのです。彼女はこうして王をたぶらかし、その後、精一杯の迫害を仏とその教団に行うことになります。

仏教教団の隆盛は、じつはこの頃、大きな社会問題を引き起こしていました。ある家庭では働き手である主人が、そしてある家庭ではやっと育て上げた息子が、そしてある家庭ではマーガンディヤーの家同様、両親が子を置いて出家してしまい、家庭や職場が崩壊してしまうというケースが頻発しました。

仏は無理に出家を誘うようなことは誰に対してもしなかったのですが、聖と俗の間には、こうした絶対にかみあわない大きな矛盾があるのです。

マーガンディヤーは、その後、夫の国であるコーサンビー国を仏の弟子が通るたび、人をやとい、人を煽動し、積極的に嫌がらせをくり返しました。そこに、同じように仏の教団に家族を奪われた者が参加し、一時、仏の団体に対する排他運動的な動きがこの国には起こりました。

けれども、やはり人々は心の中では何が本当に正しいかを理解しており、こうした動きは「しかたのないこと」として、人々に認知される結果となり、じきに騒ぎは収まっていったのでした。それどころか我々人間の方が、もっと仏に尽くさねばならない立場の存在ではないかということに気がつき、国家の方がこうした家族には援助金を払うといった結果となり、騒ぎは急速に収まっていったのでした。

24　悪のトップスター・ダイバダッタ

みなさんはダイバダッタという人物をご存知でしょうか。

この人はシャカ族の王家の血筋を引き、シッダールタとはほぼ同世代の従兄弟にあたる人でした。つまり幼い頃から、シッダールタとは頻繁に遊び、同じ学校に通い、気心の知れあった人物ということです。成績もシッダールタより上だったのかもしれません。

しかし、それ故、仏となったシッダールタに対して、その弟子となった後も表面的には服従しながらも、どこか心の隅では本当は自分の方が上なのだ、という慢心を捨てきることができませんでした。シッダールタが仏であるならば、自分はそれより上、あるいは同等の存在であるという倒錯した嫉妬心に身を滅ぼしてしまった人物として、後世に知られています。

この人は、シッダールタが仏となり、はじめて郷里カピトラヴァストゥへと凱旋したときに、他のシャカ族の若者たちと同様、仏の教団へと出家しました。ダイバダッタの目から見ると、あの弱々しくナイーブでめそめそした愛他主義者のシッダールタ、国や家族や自分の責任への一切を捨てて逃亡してしまった従兄弟。それが今、あの大王国コーサラやマガダ国を自己に帰依させ、大喝采の中、シャカ国に戻り、さらに多くの人々をその足下に従える姿はいかばかりに見えたでしょう。

ダイバダッタは驚く反面、自分も、もしあのとき出家していれば、このくらいのことはできたに違いない。イヤ、俺ならもっとすごい人物になった、とこう思ったのです。どんな分野においても破滅する人間とはこのように考えるものです。

ダイバダッタは仏の教団に入ると、案の定、新参者であるにもかかわらず、その仏に近い血統や王族という権威、そして役にも立たない知識の量をところかまわずひけらかして顰蹙《ひんしゅく》をかいます。そして、仏の教え方についてまで口をはさむ始末でした。

当時、極端な肉体の苦行がひとつのファッションとして修行僧のステイタスを表すような風潮さえありました。つまり、よりきつく体を痛めつけた修行者の方が境地も力も上であるというおかしな考え方です。そうした偏見に毒されている修行者の目からみると、どんな人にもやさしく、そしてそのレベルに合わせて、まるでメルヘンチックに偶話のようなものをくり返す仏の指導法はひどく歯痒く、腹だたしいものにうつりました。

そして、自分の派閥を教団内に作り、自分の意見をきかない修行者たちを軟弱者として馬鹿にし始めました。再三、こうしたダイバダッタの教団内における反体制的な言動と行動は仏の弟子たちを通じ、仏の耳に入っていました。

そんなある日、ダイバダッタは、なんと弟子たちに説話を説く最中の仏に対し、クーデターをはかったのでした。

ダイバダッタはクーデター決行以前に独自の戒律を作り、これを釈尊が作って自分に託して教団を譲り、近々引退すると触れ回り、ヴェーサリーから来たばかりのヴァッジ族の出家者五百人をはじめ、総勢千人にのぼる弟子たちを引き込み、この機に一気にクーデターによりその指導権を奪おうとしたのでした。

万座の席で仏を退位させ、公然の事実の上にまんまとその地位をしようとしたのです。しかし、ダイバダッタが仏の座る蓮華座に上っても誰もついてきません。

ダイバダッタの派閥のほとんどは、実はそれが仏の意志だと思わされていたので、ダイバダッタが壇上に上がっても、とくに何をするともなく、ボーっとそのありさまを見ていたのでした。

ダイバダッタは慌ててひとり、仏にこう迫りました。

「世尊、世尊はもうお歳を召されました。あとはすべて私に託し、引退し、どうかゆっくりと余生をお過ごしください。」

異様なる場の雰囲気を見て取った仏は、その場でダイバダッタを一喝します。

普段もの静かな仏が発する大音声は、すべての空気を一瞬で変えてしまうほどの力を持っていました。

ダイバダッタはその力に押され、そのまま後ずさりし、段差を転げ落ちてしまいました。この瞬間、自分が仏の教団の後継者の地位を完全に失ったばかりか、その居場所すらすべて失ってしまったことを瞬時に悟りました。そしてゆっくりと起き上がると、泥にまみれた顔で、

「よくも万座の前で恥をかかせてくれたな。シッダールタ、覚えてろよ。おまえなんかより俺の方が上なんだ！」

こう叫ぶと、その場から消え去りました。

この後、ダイバダッタは自分の派閥の人々を連れて仏の教団を出て行きます。

実際にはダイバダッタの他にも、仏の指導方法は手ぬるいと反感を持っていた者たちも少なからずいました。そうした者たちとともに、ダイバダッタはマガダ国内の別な場所に自分の教団を立ち上げました。むろん、そのメンバーたちはみな仏の教団の者たちです。

実際、ダイバダッタは仏の教団の中でも、すぐれた弟子の一人でした。しかし、彼は幼い頃からシッダールタを知り、その時の学校の成績やその他の競技においてもシッダールタを上回ることもあったのでしょう。そうした世俗の垢を拭い去ることのできぬまま、いつしかその思いは自分は仏より上で、仏の後継者は自分しかいないという倒錯した考えに行き着き、のちの悪巧みへとつながっていったのでした。

実際にこの時、かなりの仏弟子たちが彼についていき、教団を二分する大事件として記録されています。

さらに、驚いたことに彼はこの時、すでにマガダ王国の次期国王のアジャセ皇太子を抱き込み、マガダ王国の権力を現在のビンビサーラ王からアジャセへと無理やり強奪するための計画も同時に進めていたのです。

こうしてダイバダッタは、王権と神権の二重クーデターを同時に計画していたのでした。すでにダイバダッタの教団専用の精舎も、アジャセ皇太子によって準備されていたのです。

なんとアジャセにはマガダ王国を、そして仏の教団は自分が奪い、そののち協力し、全インドを統一するという壮大な計画もできていたのでした。

このときダイバダッタが他の信徒に示した五つの戒が今も残っています。

内容を見る限り、山林にひとり座し、極端な禁欲生活をとり、自分だけの悟りを追い求める典型的な小乗教徒の戒律だということがわかります。そこには、解脱、虚空会、ジュキ、新しい宇宙の創造、普賢行、そして自ら仏になり宇宙を完成させ滅尽させるという、真の如来の悟りのエッセンスなどひとかけらもありません。

仏の教団のほとんどの者たちは、このとき山林僧としてひとり山野で修行することは許されず、みな、北インドに点在する仏のサンガか、街中での托鉢か、もしくは人々に対する伝道の生活が義務づけられていて、ひとりぼっちで山中で修行を許されていたのは、ごく一部の上位の弟子だけでした。

今もそうですが、精神的な道を探求する修行者たちには、どこかこのような、ひとり山林にこもって修行するスタイルにひとつのカッコよさを感じる風潮があります。そういう教団内の不満分子の持つ雰囲気を巧みにつかみ、アジャセ皇太子の庇護のもと、教団内におけるクーデターに失敗したダイバダッタは、数千人の弟子を従え、仏の教団を出て行ったのです。

しかし、この直後からシャーリプトラやモッガーラーナをはじめとした仏の弟子たちが、ダイバダッタが引き連れていった弟子たちを説得して、ひとり、またひとりと気持ちが変わり、ダイバダッタのもとを去り、再び仏の教団へと戻る者が続出しました。

仏典によると、この後、ダイバダッタは凶暴化し、仏の暗殺をたくらみ、それを次々と実行しましたがすべて失敗し、最後は自らの爪に猛毒を塗り、仏のその身体をかきむしり、亡き者にしようと自ら暗殺者として仏のもとへと走りよりますが、途中で転び、その拍子に爪が割れ、指先のキズから逆に自分の身体へと猛毒がまわり、絶命してしまったと伝えられています。

ご丁寧に文献によっては、ダイバダッタが地に倒れると同時に地割れが起こり、その中に悪人ダイバダッタが落ちていく、というなんともＳＦチックな悪の最後を演出しているものさえあります。

「一即多」は粒であり波であるということ、
「一念三千」は無限の並行世界のこと、
「無生法忍」とは宇宙が始まる前の
観測者の視点になるということ！

第5部　完成

～釈迦が語る「統一場理論」～

25　時空を超えた全ての弟子たちへの釈迦の「ジュキ」

時は過ぎて……。

二十九歳でカビトラヴァストゥを出て七年かかって悟りを開き、四十余年、今、弟子たちは物質世界からその心を完全に隔離し、平静なアラハンの境地へと達しました。

そして、その心はブッダに対する敬意と帰依心に安住したといえます。いよいよ弟子全員に仏が『ジュキを授ける』時が来たのです。

これが如来がその人生に行う、行動の最終目的であり、**『悟りの四段階目、如来における全創造世界を完成させる作業』**なのです。そしてまさに、これを行うための一生がブッダの生涯と呼べるものなのです。

では『ジュキ』とは何か――。

それは共に空になった弟子たちを使い、ビッグバンを起こさせる行為なのです。しかしそれは、同時に過去に起こった出来事にもなります。なぜなら、釈迦が新たに起こしたビッグバンを体現できるのは、そのビッグバンによって生まれた生命たちだからです。彼らにとっては、ビッグバンは生まれ変わった世界の過去の出来事なのです。

そして、その世界の過去に共有する記憶のひとつに、正法の如来として釈迦が存在し、その膨大な教えの第五番目に説かれるものに、この同時に平行する宇宙の中に新たに宇宙を生み出す「ジュキ」の教えが説かれているのです。

この教えを現代の物理学にのっとり『お釈迦様の統一場理論』と呼ぶことができます。

ニュートン、アインシュタイン、ニールスボーア、ホーキング、人類の歴史に名だたる学者たちが、その生涯を懸けてもたどり着くことの出来なかった「統一場理論」、それはこの仏教の第五の教え、そのものであったのです。

それは如来から如来にだけ伝えることのできる人智を越えた真空の第一法則です。

真空とは、精神であり、その中にある無限の世界は真空が一人ひとりの生命を通して、自らが真空であるという事を思い出すためのストーリーが中心となり出来ています。

それはどういうことかと言うと、全ての生命が生きる空間とは、「ジュキ」によって起こされたビッグバンで時間と空間が生まれ、菩薩の誕生はその教えを学べるその空間内の最末法の時代の適切な位置、適切な国や家庭へ意図的に生まれ、肉体を持つことになります。そして正法の如来の残した第五の教えである統一場理論を集中的に学べる環境に生きることになるのです。

しかし、ひとつの空間内に肉体を置くと、自分の住んでいる空間の時間の外を五感で感じ取る事は出来ません。さらに自らビッグバンを起こし、空間の中に肉体を置くとビッグバン以前の記憶を全て忘れて生まれてしまうという仕組みがあります。

ところが、過去世で如来の弟子となり、解脱し、「ジュキ」を受けた者だけは、その人生の中で、正法の如来の第五の教えに接すると強烈な反応を示すことができるのです。

すると、そこにはこう書かれているのです。

「あなたは過去世でジュキを受けているので、今、数ある私の経典の中からこの第五の教えに強烈に反応し、ここまで読み進めてきたのである。あなたはこののち、さらにこの教えを深く理解することにより、なぜ真空の中にあなたのその宇宙が生まれ、時間が生まれ、そして人間が文明を生み出し、その人間たちすべてがその矛盾に満ちた物質世界の中で、いかに生きるべきか、それを教える自らの如来としての役割を理解することになるであろう（法華経第10章　法師品）。」

今、シッダールダは、このすべてを理解し、実行し、この如来としての生涯におけるクライマックスを迎えようとしていました。

ここから先は、如来となったシッダールタが直接この世界の過去に生まれ、我々の時代に残した経典を読む事によって、「ジュキ」についてを解説することにしたいと思います。

人間の五感では認識することのできない、宇宙が始まる前の真空の中ではいったい何が起こり、あなたが今、住むこの宇宙が生まれたのか。

その答えは、この如来の第五の経典の中にしか存在していないのです。そしてそれを、読むために、あなたは自らビッグバンを起こし、この世界に生まれて来ました。

今、まさにその目的に従い、この本を読み、そしてあなたも未来世で如来となり、ブッダと同じく弟子たちを解脱させ、虚空会へと昇らせ、そこで「ジュキ」を授けることになります。

この行いが、無限の空間の外にある時空を超えたひとつの場において行われている宇宙創世の如来と菩薩たちによる御業《みわざ》なのです。

それを「統一場理論」と呼びます。つまり「統一場理論」とは、記号や方程式によって表わせるものではなく、如来の喩《たと》えによってのみ、会得出来るものなのです。

26　シャーリプトラへの「ジュキ」

このように、わたしは聴いた。

あるとき、世尊はラージャ＝グリハ（王舎城《おうしゃじょう》）のグリドゥラ＝クータ（霊鷲山《りょうじゅせん》）に滞在して、千二百人の僧と一緒にいた。これらの僧はすべて阿羅漢で、汚れもなければ、欲望のわずらいもなく、自己に克ち、心も理智も巧みに迷いを離れており、高貴の家の生まれで、偉大な象であった。かれらは為すべき義務をすべて為し遂げて、重荷を棄てて自己の目的を達成し、この世のきずなを断ち切っていて、完全な自制によって心に迷うことなく、あらゆる心の動きを制御して、六波羅蜜《ろくはらみつ》を完成しているばかりでなく、神通の智慧の傑出した偉大な声聞衆であった。

シャーリ＝プトラ長老と、マハー＝マウドガリヤーヤナ長老と、マハー＝カーティヤーヤナ長老と、アニルッダ長老と、レーヴァタ長老と、カッピナ長老と、ガヴァーン＝パティ長老と、ピリンダ＝ヴァツァ長老と、バックラ長老と、マハー＝カウシュティラ長老と、バラドヴァージャ長老と、マハー＝ナンダ長老と、ウパ＝ナンダ長老と、スンダラ＝ナンダ長老と、プルーナマイトラーヤニー＝プトラ長老と、スブーティ長老と、ラーフラ長老をはじめとして、数多くの偉大な声聞衆がその座につらなっていた。また、学修の道においてなお修めるべきことの残っていたアーナンダ長老もその座にいたし、そのほか学修中あるいは学修の完了した二千人の僧たちもいた。また、マハープラジャーパティー長老をはじめとして、六千人の尼僧たちもいた。また、ラーフラ長老の母ヤショーダラー尼も侍女たちをつれて、その座にいた。

◇　◇

ブッダはまず、その万座の中で、とくに目に掛けていたシャーリプトラに対し、このように語りました。

「シャーリプトラ（舎利弗《しゃりほっ》）よ、神や悪魔や祭官や沙門・婆羅門などを含めた世間の人々の面前において、余は汝が二十・千万憶の仏のもとで、この上なく完全な『さとり』に到達しうるように成熟したことを宣言しよう。舎利弗長老よ、汝は長いあいだ余の弟子であった。汝は前世における求法者としての計画により、また求法者の神秘により、この世において余の説法に近づいた。ところが、汝は仏の不可思議な威力により前世における修行と誓願とを忘れ、前世における求法者としての計画も、また求法者の神秘も思い出すことなく『わたしは〝さとり〟の境地に達した』と思ったのである。

そこで、シャーリプトラよ、余は汝に前世における修行と誓願を思い出させて智慧を目覚めさせようと欲して、この『正しい教えの白蓮』という経説を、すなわち求法者をいましめ、一切の仏の財産であり、大乗仏教の教えを詳しく説いた最高の経典を、声聞のために解き明かしたのである。」

◇　◇

この時、シャーリプトラのみならず、仏弟子たちすべてはブッダが「ジュキ」を授ける前まで、解脱することが人間の進化の最終ゴールだと思い込んでいました。それはアラーダ仙人とウドバカ仙人と同様です。

しかしブッダは「ジュキ」を授けるにあたり、生命進化のゴールは、この先にある菩薩行を果たし、ブッダとなり、さらにその世界で弟子を取り、「ジュキ」を授けて全てを滅尽させることであることを、弟子たちに理解させます。そしてシャーリプトラをはじめ、全ての弟子たちは釈迦の真意を理解すると、次々と「ジュキ」を受ける事を強く要望し、自らが未来世でブッダとなる事を誓うのでした。

そして釈迦はそれを見て取るとまず、第一の弟子と後世うたわれるシャーリプトラに「ジュキ」を授けます。そこでは未来世で如来となった時の名と、その世界の情景が予言されるのでした。

◇　◇

「シャーリプトラよ、測り知ることも考えたり推測したりすることもできないほどの幾億・幾千万劫の未来において、汝は幾千万億という大勢の如来たちの正しい教えを信奉し、種々の供養をし、求法者としての修行を完了し、完全に「さとり」に到達した華光如来《けこうにょ》来《らい》という阿羅漢となって、この世に生まれるであろう。そして、完全な学識と勝れた所行を具え、この上ない幸いに到達して、最もよく世間を知り、人間を訓練する調教師であり、神々および人間の教師であり、仏であり、世尊となるであろう。

さらに、また、シャーリプトラよ、そのとき華光如来の離垢という仏国土が生ずるであろう。この清浄な国土は平坦で、草木が繁茂し、風光明媚であるばかりでなく平穏であって、富裕であり食糧がゆたかで住むに快いところである。ここには多くの男女の群れが満ちあふれ、また神々も満ちあふれており、大地は瑠璃造りで、黄金の糸で八つの花弁に結びつけられていた。そして、これらの八つの花弁には、七宝づくりの花と果実をいつもつけた宝玉の樹木が生えるであろう。

シャーリプトラよ、かの華光如来も三種の乗り物に関して教えを説くであろう。かの如来も天変地災のつづく汚濁の世に出現するであろう。しかし、かの如来は前世における誓願の力により教えを説くであろう。

そして、シャーリプトラよ、この如来が出現する劫は「宝生世界《ほうしょうせかい》」と名づけられるであろう。汝はどう考えるか、シャーリプトラよ、どのような訳で「宝生世界」と呼ばれるのか。仏国土においては、「さとり」を求めて修行する求法者は宝玉といわれるからだ。そのとき、離垢世界には、教える事も、測ることも、他と比較することもできないほどに多くの求法者がいるであろう。しかし、如来が計算するのでなければ、その数は分からないであろう。このような訳で、かの如来の出現する劫は 偉大な宝玉で飾られた宝生世界 といわれるのだ。

さらに、また、シャーリプトラよ、その時この仏国土にいる求法者たちの大部分の者は、宝玉の蓮華の上を歩きまわる者になるであろう。しかも、彼らは初心の未経験者ではなく、長い間に渡って善根を培い、幾十万という多くの仏のもとで梵行《ぼんぎょう》を修めて如来から賞賛され、仏の智慧を得ようと専念し、仏の偉大な神通力の遂行によって生まれ、あらゆる教えの方法に通暁し、温和で、前世の記憶をもっているのだ。シャーリプトラよ、かの仏国土には、このような求法者たちが満ち溢れるであろう。

◇　◇

これが経典の中で弟子のシャーリプトラに如来が「ジュキ」を授けたシーンですが、この時、いったい何が起こっていたのか、皆さんはおわかりでしょうか。

三次元的な目で見ればこの時、マガダ国の霊鷹山に多勢の弟子たちが集まり、ひとりずつ「ジュキ」を貰って大喜びしているほのぼのとした風景に見えたかもしれません。

しかし解脱した如来とその弟子たちというのは、目で見れば確かにこの物理次元に肉体を持っているのですが、実は彼らの意識はすでに宇宙の始まる前の真空の中にあり、この

「ジュキ」はその空の場において行われている事になります。

つまり、この会合は、ビッグバンが起こる以前の真空の中で行われている会合なのです。そしてそこで行われた会合では、「ジュキ」を誓った弟子たちにより、無限のビッグバンが起こされ、その教えが全ての世界へと伝えられて行ったのです。

そしてさらにそこから先、さらに先にといった具合に融通無碍の果てなき世界へと広がり、すでに他の世界で別な如来から「ジュキ」を受けた、大菩薩たちの修業途中の世界へと繋がり、その偉大なる菩薩たちの手もとへまでも広がって行くのでした。

つまりひとりの如来の「ジュキ」は、空という無限の世界の中で同時に説き明かされているのです。そしてその教えひとつが届いた世界がここであり、この本を読んでいるあなたはすでに過去世でいずれかの如来のもとで解脱し、帰依し、その晩年、宇宙が始まる前の虚空会へと参加し、そこで「ジュキ」を受け、如来になるための修業途中にある大菩薩なのかもしれません。

つまり一人の如来の教えとは、「ジュキ」を起点とし、無限の世界へと広がり続けているのです。そして、あなたは今、その自らの過去世の宿命に従い、その解説書であるこの本を手にしているという訳です。

27　四大弟子への「ジュキ」

——カーシャパ、スボダイ、カーティヤーヤナ、モッガーラーナと、さらに「ジュキ」は続きます。

◇　◇

そのとき、世尊はこれらの詩頌《ししょう》を語ったのち、そこに集まっていたすべての僧に話しかけた。

「僧たちよ、余は汝らに告げ知らせよう。余の弟子であるこの僧カーシャパは、未来においてニ千万億の仏たちの許で、これらの仏たちを崇め尊んで、師事し、供養し、讃歎し、礼讃するであろう。そして、これらの尊い仏たちの正しい教えを信奉しよう。

彼は大荘厳《だいしょうごん》という劫《こう》に光徳《こうとく》世界に最後の化身を現わし、光明如来《こうみょうにょらい》という、完全に「さとり」に到達した阿羅漢である如来となって、この世に生まれるであろう。そして完全な学識と勝れた所行を具え、この上ない幸いに到達して、最もよく世間を知り、人間を訓練する調教師であり、神々および人間の教師であり、仏であり、世尊となるであろう。彼の仏国土は清浄で、石や砂利や瓦礫は取りのぞかれ、陥し穴も断崖もなければ溝や汚水溜りもなく、平坦で心地よく、風光明媚で、瑠璃《るり》造りで宝玉の樹木で飾られ、黄金の糸で八つの花弁に結びつけられ、花が撒き散らされていよう。そして、そこには幾十万という多くの求法者が現われるであろうし、また、そこには幾千万億という無数の弟子がいるであろう。また、そこには、悪意をもつ悪魔が姿を現わすことなく、悪魔の眷属どもも見出されないであろう。しかし、後になって、悪魔とその眷属《けんぞく》どもがいるようになるであろうが、たとえそのようになっても、かれらは、その世界でかの尊き光明如来の教えを受けて、正しい教えを受け入れようと努力するようになるであろう。」

そのとき、長老マハーマウドガリヤーヤナと長老スブーティと、長老マハーカーティヤーヤナとは、身を震わせながら、まばたきもせずに世尊をみつめた。

世尊はこれら偉大な弟子である長老たちの、このような心の裡《うち》を感じとって、再びそこに集まっているすべての僧に話しかけた。

「僧たちよ、余の偉大な弟子であるこの長老スブーティは、三千万億の仏たちを崇め尊んで、師事し、供養し、讃歎し、礼讃するであろう。そして、これらの仏のもとにおいて純潔を守って修行をし、「さとり」を得るであろう。彼はこのような数々の奉仕をして、最後の化身において名相如来という、完全に「さとり」を達成した阿羅漢である如来となって、この世に生まれるであろう。そして、完全な学識と勝れた所行を具え、この上ない……（中略）……仏であり、世尊となるであろう。

そして、彼の仏国土は宝生という名であり、彼の出現する劫《こう》は有宝《うほう》と呼ばれるであろう。そして、彼の仏国土は平坦で心地よく、瑠璃づくりで宝玉の樹木で飾られ、陥し穴も断崖もなければ溝や汚水溜りもなく、素晴らしく美しく、花が撒かれているであろう。そして、そこでは人々はあらゆる楽しみが設けられた宮殿楼閣の中に住居を構えるであろう。また、そこには、幾千万億という多くの求法者たちがいるであろう。そして、かの世尊は虚空の中にとどまって常に教えを説き、幾十万という多くの求法者と幾十万という多くの弟子たちを導くであろう。」

◇　◇

さらに「ジュキ」は続きます。

そこで、世尊は再びそこに集まっているすべての僧に話しかけました。

「僧たちよ、余は汝らに告げ知らせよう。余の弟子であるこの長老マハーカーティヤーヤナは、八千万億の仏たちのもとで、これらの仏たちを崇め尊んで、師事し、供養し、讃歎し、礼讃するであろう。そして、これらの完全に「さとり」に到達した如来たちのために、高さ一千ヨージャナ・幅五百ヨージャナの、七宝の塔を建立するであろう。七宝の塔とは黄金の塔・銀の塔・瑠璃《るり》の塔・玻璃《はり》の塔・赤真珠の塔・緑玉の塔および第七の宝玉である珊瑚の塔である。そして、花・香木・香水・華鬘・香油・抹香・衣服・傘蓋・旗・幟・吹流しなどを、これらの塔に供養するであろう。こうして、さらにそののち再び、彼は二千万億の仏のもとで、これらの仏たちをまさしく同じように崇め尊んで、師事し、供養し、讃歎し、礼讃するであろう。彼は最後の化身として最後に肉体を得るとき、閻浮那《えんぶな》提金光如来《だいこんこうにょらい》という完全に「さとり」を達成した阿羅漢である如来となって、この世に生まれるであろう。そして、完全な学識と勝れた所行を具え、……（中略）……仏であり、世尊となるであろう。彼の仏国土は清浄で、平坦で、心地よく、美しく風光明媚で、玻璃づくりで宝玉の樹がその周囲を色どり、黄金の糸が鏤められ、花の褥が敷きつめられ、地獄道と畜生道の者もヤマの世界の者もアスラの眷属も存在せず、多くの人間と神々が充満し、幾十万という多くの弟子たちと幾十万という多くの求法者が集まりつどうであろう。」

◇　◇

そこで、世尊は再びそこに集まっているすべての僧に話しかけた。

「僧たちよ、余は汝らに告げ知らせよう。余の弟子であるこの長老マハーマウドガリヤーヤナは二万八千の仏たちを満足させるであろう。そして、彼はこれらの尊き仏たちを種々に崇め尊んで、師事し、供養し、讃歎し、礼讃するであろう。そして、これらの完全に「さとり」に到達した尊き仏たちのために、七宝造りの塔を建立するであろう。すなわち、金・銀・瑠璃・玻璃・赤真珠・緑玉および珊瑚の塔である。その塔は高さ一千ヨージャナ・幅五百ヨージャナで、これらの塔に花・香木・香水・華鬘・香油・抹香・衣服・傘蓋・旗・幟・吹流しなどを供えて、種々に祀るであろう。こうして、さらにそののち再び、かれらは二千万億の仏たちを前と同じように崇め尊んで、師事し、供養し、讃歎し、礼讃するであろう。そして、最後の肉体を得る時に、彼は多摩羅跋栴檀香如来《たまらばっせんだんこうにょらい》という完全に「さとり」に到達した阿羅漢である如来となって、この世に現われるであろう。そして、彼は完全な学識と勝れた所行を具え、この上ない幸いに到達して、最もよく世間を知り、人間を訓練する調教師であり、神々および人間の教師であり、仏であり、世尊となるであろう。彼の仏国土は意楽《いらく》と名づけられ、彼の出現する劫は喜満《きまん》と名づけられよう。そして、彼の仏国土は完全に清浄で、平坦で心地よく、美しくて素晴らしく風光明媚で、玻璃づくりで宝玉の樹がその周囲を色どり、むしりとられた花が敷きつめられていて、そこには多くの人間と神々が充満し、弟子および求法者という幾十万の神聖な人々が住んでいるであろう。」

◇　◇

結局、この時の会合で、釈迦如来は合計十二名の弟子に「ジュキ」を授けます。そして、それと同時に一人ひとりに対応して、宇宙の次元構造についても語っている事に皆さんは気づくだろうか。

シャーリプトラが３次元、カーシャパが４次元、スボダイが５次元、カーティヤーヤナが６次元、モッガーラーナが７次元といった具合に釈迦は各次元の情景をそこに述べています。

さらに、この後に続く、フルナミタラニシ（プルーナ）が８次元、カウンディヌヤが９次元、アーナンダが10次元、ラーフラが11次元、ガウタミーとヤショダラでその補足、そしてその上は「無生法忍《むしょうほうにん》」、何も始まっていない状態という流れになっています。

現代的に言うと、「ひも理論による11次元構造」とピタリと一致する事にお気づきになったでしょうか。

「無生法忍」とは、この世界はもともと、何も始まっていない空であることを理解する叡智のことを言います。あなたはこの世界が始まっていないことを理解しているでしょうか。

28 プルーナとカウンディヌヤ、千二百人の弟子さらに五百弟子に対する「ジュキ」

釈迦如来の「ジュキ」を続けましょう。

ここから解脱し、すでに「ジュキ」を受けた大菩薩たちが戻る仏国土の有様が説かれることになります。彼らは解脱した時点で7次元以下の転生輪廻の世界を越えているのです。

さらに「ジュキ」を得た弟子たちが戻る仏国土とは、通称「他化自在天《じざいてん》」、想像出来得るあらゆる設定、生命体に自らの力で選んで生まれ変わる事の出来る神通力を持った従地涌出《じゅうちゆじゅつ》の菩薩たちの世界です。

そこは自由自在な心の世界で、そこからあえてこの固定化した生老病死に苦しめられる3次元にブッダの教えを学ぶためだけに彼らは生まれて来ます。はじめは普通に暮らしてるのですが、適切な年齢が来ると、その世界の如来の第五の教えに出会い、その内容を理解し、自分が過去世でジュキを受けた大菩薩であるということに気がつきます。するとうそれ以外のことには興味を持たなくなり、一心不乱に『法華経』のみを学び、やがて衆生に教え広め、最後に自らもブッダになる。これが大菩薩たちの修行法であり、そのためにこの3次元世界はあり、そこにはあえて無知な人々が居て、教えを聴くという設定が作られているのです。

◇　◇

そのとき、長老プルーナ＝マイトラーヤニープトラは、世尊から親しく、このように巧妙な手段の智慧が示され、深く微妙な意義をもつ言葉で教示されたのを聴き、また偉大な弟子たち対する予言を聴き、また前世の因縁にまつわる物語を聴き、また世尊が威厳を具えているさまを眼のあたりに見て、不思議に思うと同時に、世俗を離れた心に歓びを湧き立たせて感激した。

そのとき、世尊は長老プルーナが心の中で志願しているところを察して、そこに集まっているすべての僧に話しかけた。

「僧たちよ、この弟子プルーナを見よ。彼は余の弟子たちの集団の中で教えを説く人々の第一人者であると余が宣言した人であって、彼は多くの真実の徳を具え多くの勝れた行為をしたことで人から賞讃され、また余の教誡に従って正しい教えを護持することに専念している。彼は余の許に集まった四種の会衆をそそのかし、鼓舞し、かれらを奮起させ、かれらの心を勇みたたせる人であり、教えを説いて倦《う》み疲れることなく、教えを宣揚することができ、また純潔を守って修行をする人々に恩恵を施すことのできる人である。僧たちよ、如来を除いては、名実ともにフルナミタラニシ（従地湧出《じゅうじゆじゅつ》の大菩薩）を凌駕《りょうが》しうる者は、ほかに誰もいないのだ。それでは、僧たちよ、汝らは彼が余の正しい教えだけを護持する者と考えるか。いな、僧たちよ、汝らはそのように思ってはならぬ。それは何故かと言えば、余ははっきりと知っているのだが、過去に九億九千万の仏たちが現われたとき、これらの尊き仏たちの教誡を受けて、彼は正しい教えを護持したのである。現在、余のもとにおける彼と同様に、彼はいかなる時にも教えを語る人々の第一人者であったし、「空」の教説の蘊奥《うんおう》に達していた。彼はまた四種の自由自在な智慧と表現の能力を得て、将来において仏となるべき者がもつ神通力の極意を極めていた。彼は極めて明瞭に教えを説く人であり、疑惑を起こさせぬように教えを説く人であり、また極めて清らかな教えを説く人であった。彼はまた尊き仏たちの教誡に従って、寿命を終えるまで純潔を守って修行し、いつの場合も真の仏弟子であると認められていたのだ。彼はこの手段を用いて、測ることも数えることもできないほどの幾千万億という人々の利益をはかり、また測ることも数えることもできないほどに多くの人々が、この上なく完全な「さとり」に到達するように教え導いた。彼はまた、いつの世にも仏と同じ行ないをして人々を助け、また、いつの世にも自身の属する仏国土を清めたし、また人々が「さとり」に到達するように努力した。僧たちよ、毘婆尸仏《びばしぶつ》をはじめとする過去の七如来の中で余は七番目であるが、彼は実にこれら過去七仏の時代を通して教えを語る人々の中で第一人者であった。さらにまた、この賢劫《けんこう》において、将来、九百九十六名の仏が現われるであろう。これらの仏の教誡《きょうかい》にも従って、このフルナミタラニシは教えを語る人々の第一人者となるであろうし、また正しい教えを護持する者となるであろう。このように、未来において、彼は測ることも数えることもできないほど多くの尊き仏たちの正しい教えを遵奉《じゅんぼう》するであろうし、測ることも数えることもできないほど多くの人々の利益をはかり、測ることも数えることもできないほど多くの人々が、この上なく完全な「さとり」に到達するように教え導くであろう。しかも、いつも変わることなく、自身の属する仏国土を清め、「さとり」に到達するように人々を教え導くことに専念する者となるであろう。彼はこのように将来において仏となるべき者が行なうべき修行を完全になし遂げたのち、測ることも数えることもできないほどの劫ののちに、この上なく完全な「さとり」に到達するであろう。彼は法明如来という完全に「さとり」に到達した阿羅漢である如来として、この世に現われるであろう。そして、完全な学識と勝れた所行を具え、この上ない幸いに到達して、最もよく世間を知る者であり、人間を訓練する調教師であり、神々および人間の教師であり、仏であり、世尊である彼は、この仏国土に生まれてくるであろう。そして、そのとき、僧たちよ、ガンジス河の砂の数に等しい三千大千世界は一つの仏国土となるであろう。その国土は手の平のように平坦で、七宝づくりで山はなく、七宝づくりの家が充ち満ちているであろう。そして、神の楼閣が虚空に甍《いらか》をつらね、神々も人間を見るであろうし、人間も神々を見るであろう。また、そのとき、僧たちよ、この仏国土には罪悪はなく、また婦女子もいないであろう。また、この国土にいる人々はみな自然に生まれた者で、純潔を守って修行をし、意志のままになる身体をもって自身から光明を放ち、神通力をもち、空中を飛行し、勇気があり、前世の記憶をもち、理智があり、その身体は金色に光り輝く三十二の偉大な人間の吉相で飾られているであろう。また、そのとき、僧たちよ、この仏国土には、そこに住む人々のために二種の食物があるであろう。二種とは何と何であるか。すなわち、教えを喜ぶ食物と瞑想を喜ぶ食物とである。そこには、測ることも数えることもできないほど多くの、幾千万億という求法者がいるであろう。かれらはすべて四種の自由自在な智慧と表現の能力を得て、その蘊奥に達しており、また、そこに住む人々をいましめることに巧みであろう。また、かの仏の弟子たちは数えきれないほどに多く、しかもすべて偉大な神通力と偉大な威光をもち、八種の解放を瞑想しているであろう。その仏国土はこのように測り知れない福徳を具えているであろう。その劫は宝明と名づけられ、その世界は善浄と呼ばれるであろう。そして、かの仏の寿命は測ることも数えることもできないほどの劫のあいだ続くであろう。完全に「さとり」に到達した阿羅漢である、かの尊き法明如来が入滅したあとにも、かの如来の正しい教えは永く続くであろう。その世界には宝玉づくりの塔が充ち満ちるであろう。このように、僧たちよ、かの世尊の仏国土は不思議な福徳を具えているであろう。」

◇　◇

読者諸氏は気がつかれたでしょうか。

この9次元の大菩薩たちは皆、何度3次元世界に生まれようと、その世界の五欲に溺れることなく、必ずその世界の過去にいる正法の如来の第五の教えに気がつき、学び、その世界に「ジュキ」の教えを広げると決まった人たちなのです。如来になると決まった人たちなのです。

「**そして三千大世界は一つの仏国土になる**」

これは滅尽《めつじん》によって一切が空に戻ることを示しているのです。

◇　◇

そのとき、克己心のある千二百人の弟子たちは、このように考えた。

「不思議なことだ、未だかつてないことだ。世尊がこれらの偉大な弟子たちに予言されたように、われわれにも予言を授けていただけるならば、如来はわれわれの一人一人に予言を授けていただきたいものだ。」

そのとき、世尊はこれらの偉大な弟子たちが心の中で考えたことを察し、長老マハー＝カーシャパに話しかけた。

「カーシャパよ、これら千二百人の克己心のある者たちは、いま、余の面前にいる。カーシャパよ、これら千二百人の者たちすべてに、余はいま直ちに予言を授けよう。その場合、偉大な弟子である僧カウンディヌヤは、六十二・千万億の仏が出たあとに、普明如《ふみょうにょ》来《らい》という、完全に「さとり」に到達した阿羅漢である如来となって、世に現われるであろう。そして、完全な学識と勝れた所行を具え、この上ない幸いに到達して、最もよく世間を知る者であり、人間を訓練する調教師であり、神々および人間の教師であり、仏であり、世尊であろう。その場合、カーシャパよ、同じ名で五百人の如来がいるであろう。というのは、五百人の偉大な弟子たちはすべて、この上なく完全な「さとり」に到達し、すべて普明如来いう名をもつようになるからである。すなわち、ガヤーカーシャパ・ナディーカーシャパ・ウルヴィルヴァーカーシャパ・カーラ・カーローダーイン・アニルッダ・レーヴァタ・カッピナ・薄拘羅・周陀・スヴァーガタらをはじめとする五百人の克己心ある人々である。」

◇　◇

ここで釈迦は、「ジュキ」を授ける如来は一見分岐しているように見えるが、実は実体のない一つの意志であることが語られます。しかし、それを言葉にする時のみ、今、この瞬間一つの場で虚空会が開かれているにもかかわらず、そこからあたかも無限に分岐した存在であると表現されることが説き明かされています。

　言うまでもなく、普明如来だけでなく、この3次元にいるあなたも、一つの意志であるにもかかわらず、瞬間、瞬間から無限の自分が分岐し、目には見えないけれども別々な人生を送っているのです。その中には未来世ですでに「ジュキ」を授けている如来となったあなたも、今、この瞬間に存在しているのです。

◇　◇

「世尊よ、わたくしたちは過失を告白いたします。わたくしたちがこのように、絶えずいつも、『われわれは完全な「さとり」に到達している』と考え続けましたのは、まさしく過失によるものであります。『われわれは完全に「さとり」に到達した』とは、世尊よ、まさしく愚かで、間抜けで、常識のないことです。それは何故かといいますと、わたくしたちは如来の智慧に従って「さとり」に到達すべきであったにもかかわらず、このような小さな智慧で満足していたからであります。

世尊よ、わたくしたちも、かつて求法者の修行をなされた如来によって仏の位に到達しようとする心を鼓舞されましたが、わたくしたちはそのことを知らず、また悟りもしませんでした。わたくしたちは阿羅漢の段階にいて、「さとり」の境地に到達したと思っていました。わたくしたちがこのように小さな智慧に満足していたとは、わたくしたちは実に貧乏な暮らしをしていたものであります。しかし、仏の智慧を達成しようとする誓願が常に消えることがなかったので、わたくしたちは如来から教えられ、さとらされたのです。

『僧たちよ、汝らはそれを「さとり」の境地と考えてはならぬ。僧たちよ、汝らの精神力の中に、かつて前世において余が成熟させた善根があるのだ。汝らがいま「さとり」の境地であると考えているものは、実に余が教えを表現するために用いた余の巧妙な手段なのである。』

と。このように、わたくしたちは世尊から目覚めさせられて、この上なく完全な「さとり」に到達するであろうと、いま予言を授けられたのです。」

29 アーナンダ、ラーフラ二千人の弟子たちに対する「ジュキ」

さらに「ジュキ」は続きます。


そのとき、長老アーナンダ（阿難）はこのように考えた。

「われわれも、また、このような予言を受けよう。」

このように考えて、色々と考えをめぐらし、それを望んで、座から立ち上がり、世尊の両足の足もとに平伏して、このように語った。

「わたくしどもに至るまで、世尊よ、恩恵を賜わる機会を授けたまえ。わたくしどもに至るまで、仏よ、恩恵を賜る機会を授けられよ。まこと、世尊はわたくしどもの父であえり、生みの親であり、拠りどころであり、保護者であります。まこと、わたくしどもは、世尊よ、神・人間・アスラもともに住む世の中で、『かれらは世尊の息子であり、また世尊の侍者であり、また世尊の教えの蔵を護持している』と、特に尊敬されております。従って、世尊よ、わたくしどもも『この上ない完全な「さとり」に到達するであろう』と予言して頂けますならば、それは誠にありがたいことでありましょう。」

学修中あるいは学修の完了した弟子である他の二千人以上の僧たちも座から立ち上がって、片方の肩にだけ上衣をかけ、手を合わせて、世尊に向かって、世尊を見上げて、「われわれもまた、この上なく完全な「さとり」に達するであろうという予言を受けたいものだ。」と思い、色々と考えをめぐらして、「これこそ仏の智慧である。」と考えていた。

◇　◇

さて、世尊は長老アーナンダに語った。

「アーナンダよ、そなたは未来において、山海慧自在通王如来《さんかいえじざいつうおうにょらい》という完全に「さとり」に到達した阿羅漢の如来となり、完全な学識とすぐれた所行とを賦与され、この上ない幸いに到達して、最もよく世間を知り、人間の調教師であり神々と人間の教師であり、仏であり、世尊となるであろう。六億二千万の仏を敬い、崇め尊び、供養し、これらの尊き仏たちの正しい教えを信奉し、かれらの教誡を受けて、この上なく完全な「さとり」に到達するであろう。アーナンダよ、そなたはこの上なく完全な「さとり」に到達したのちに、二十のガンジス河の砂の数にひとしい幾千万億という求法者たちが、この上なく完全な

「さとり」に到達するように、かれらを成熟させるであろう。そして、そなたの仏国土は瑠璃づくりで、繁栄するであろう。その世界は常立勝幡という名であろう。また、その劫は妙音遍満《みょうおんへんまん》という名であろう。完全に「さとり」に到達した阿羅漢の、かの尊き山海慧自在通王如来の寿命の長さは、測ることもできないほどの劫に達し、計算によってその劫の末端に達することはできないであろう。完全に「さとり」に到達した阿羅漢の、かの尊き山海慧自在通王如来の寿命の長さは、幾千万憶劫という長さで、数えられないであろう。彼がまた、アーナンダよ、かの山海慧自在通王如来の名声を、十方において、幾千万憶という多くの仏が賞賛するであろう。」

◇　◇

ここでは「ジュキ」を授けた如来がその後、どうなるかが語られています。

「ジュキ」を授けた如来はその後、さまざまな分身となり、無限の世界で永遠に教えを説き続けている存在となるのです。そして、その名声もまた無限の世界で永遠に讃え続けられるということが明らかにされます。

さて、世尊は長老ラーフラ尊者に語った。

「ラーフラ尊者よ、そなたは未来において、蹈七宝華如来《とうしっぽうけにょらい》という完全に「さとり」に到達した阿羅漢の如来となり、完全な学識とすぐれた所行とを賦与され、この上ない幸いに到達して、最もよく世間を知り、人間の調教師であり、神々と人間の教師であり、仏であり、世尊となるであろう。十世界を砕いた微細な粒子の数にひとしい、完全に「さとり」に到達した阿羅漢の如来たちを敬い、崇め尊び、供養し、讃歎して、あたかも現在余の長子であるように、これらの尊き仏たちの長子となるであろう。

また、ラーフラ尊者よ、完全に「さとり」に到達した阿羅漢の、かの山海慧自在通王如来の長子となるであろう。こうして、その後に、そなたはこの上ない完全な「さとり」に到達するであろう」と。

また、世尊は、学修中あるいは学修の完了した弟子たちの中で、二千人の弟子たちが満足し、穏やかで温和な心で、世尊に顔を向けて、見上げているのを見た。さて、世尊は、そのとき、長老アーナンダに語った。「アーナンダよ、そなたは学修中あるいは学修の完了した弟子たちの中で、かれら二千人の弟子たちを見るか。」アーナンダが言った。「世尊よ、見えます。仏よ、見えます。」

世尊が言った。「アーナンダよ、かれら二千人の弟子たちは、すべて、求法者としての修行を同じように修めるであろう。そして、五十世界を砕いた微粒子の数にひとしい尊い仏たちを敬い、崇め尊び、供養し、讃歎し、その正しい教えを礼讃して、最後の化身において、同じ時刻・同じ瞬間・同じ刻限・同じ時機に、十方において、それぞれの世界にある各自の仏国土において、この上ない完全な「さとり」に到達するであろう。かれらは宝《ほう》相如来《そうにょらい》という完全に「さとり」に到達した阿羅漢の如来となるであろう。かれらの寿命の長さは、満一劫であろう。かれらの仏国土の素晴らしい美しさは、同じであろう。かれらの正しい教えは、同じように存続するであろう。」

◇　◇

ラーフラは、アーナンダが成道した蹈七宝華如来の長子になって悟りを開くことが説き明かされます。それどころか二千人の弟子たちが、同じ時刻、同じ瞬間に、一つの場において同じ宝相如来となることが語られ、一つの場にはもはや時間と空間や別の人格すらない一つの悟りへの意志のみが存在するだけであることが説き明かされます。分離した自己と他者、あるいは別な世界の存在すら、如来からみると一つの方便上の道具に過ぎないのです。

30　未来に経典を通し釈迦の「ジュキ」を見ている大菩薩の誓い

そのとき、偉大な志を持つ求法者の薬王菩薩と大楽説菩薩《だいぎょうせつぼさつ》とは、二百万人の求法者たちに囲まれて、世尊の面前でこの言葉を語った。

「このことに関しましては、世尊はご憂慮なさらないでください。世尊よ、わたくしどもは如来が入滅されたあとも衆生にこの経説を教示し宣揚するでありましょう。また、世尊よ、その時代には、善根が少なく、高慢で、利益と世間にもてはやされることを期待し、悪徳の根をはびこらせ、自制心がなく、信仰しようともせず、余りにも不信心な、心の悪い輩がいるでありましょう。しかし、わたくしどもは忍耐力を示しまして、その時代にもこの経典を指示したり、教示したり、書き写したり、敬い尊んだり、崇めたり、供養したりするでありましょう。また、わたくしどもは身体と生命を捨てても、世尊よ、この経典を宣揚するでありましょう。世尊よ、憂慮なさらないでください。」

そのとき、その会衆の中にいた学修中あるいは学修の完了した五百人の僧たちが世尊にこのように言った。

「世尊よ、たとえ他の世界においても、わたくしどももこの経説を宣揚することに努力いたしましょう。」と。さらに、世尊の弟子で世尊からこの上なく完全な「さとり」を達成すると予言された学修中あるいは学修の完了した八千人の僧たちまでが、世尊に向かって合掌して、世尊にこのように言った。

「世尊はご心配なさらないでください。わたくしどもは、如来が入滅された後でも、たとえ他の世界にいましても、この経説を宣揚するでありましょう。それは何故かと言いますと、このサハー世界にいる者たちは高慢で、善根が少なく、常に悪心をもって他を害しようとし、生まれつき不正直だからです。」

◇　◇

虚空会は時空の外、宇宙が生まれる以前の状態の中で授けられます。つまり真空の中には、創造でき得るすべての世界、キャラクター、過去、現在、未来のすべてが入っています。すると、その中には生きとし生けるすべての生命たちが如来になり、同時に「ジュキ」を授けている場もあることになります。つまり、この全創造世界には、実はすでに未来で如来になり「ジュキ」を授けているあなたも存在していることになります。

その如来となったあなたと、今のつながっていないあなたとをつなげる作業が、ひとりの如来から受ける「ジュキ」なのです。

ここから個人名ではなく、すでに「ジュキ」を受けた全ての仏弟子を示す言葉として、あえて釈迦は薬王菩薩と大楽説菩薩という固有名詞を使っています。この二人の菩薩はすでに過去世で「ジュキ」をもらっているので、ビッグバンを無限に起こし続けるこの如来だけが成し得る『ジュキの仕組みの全体』を知っているのです。

そして彼らはあえて、どんな世界に生まれ変わっても釈迦から受けた「ジュキ」の恩に報いるため、その世界にある正法の如来の第五の教えを見つけ出し、五種法師になって学び、どんな困難にも打ち勝ち、命を捨てても広める事を誓っているのです。

あなたも、これを誓えるでしょうか。

誓えたならば、その瞬間からあなたも従地湧出の大菩薩となったことになります。

そして、彼らが身につけた教えは全ての如来に共通する「ジュキの教え」であり、それがこの全創造世界全てに共通する一切を完成させる教えである事が明かされます。

解脱し、「ジュキ」を得て他化自在天に入った菩薩たちには五欲は全く無く、教えの喜びと瞑想の喜びしかありません。そして彼らはすでに最高の教えを学び、この世界の一切を滅尽へ帰す為にのみ、3次元世界へ自ら生まれ変わっていく必要があるのです。

こうして薬王菩薩たちが、「ジュキ」を得た大菩薩としての3次元における生き方を誓うことによって、釈迦のジュキは完成します。

最末法の時代に生まれ変わり、どんなひどいやからに嫌がらせや脅迫を受けようとも、この経典を五種法師となり、学び、広め、自らも如来となり、その世界で弟子を取り、解脱させ、虚空会を開き、世尊と同じように「ジュキ」を授け、全てを無に帰すことを誓っているのです。

薬王とはどんな世界に生まれようと、この真理を語る薬の王であることを喩えていて、大楽説とはこの高度な教えを楽に語る無敵の説法力という従地沸出の大菩薩の特色を示しています。

さらに驚異的な説明がここからはじまります。

31　ガウタミーとヤショダラに対する「ジュキ」

　そのとき、世尊の叔母マハープラジャーパティガウタミーは、学修中あるいは学修の完了した六千人の尼僧たちと一緒に座から立ち上がり、世尊に向かって合奏し、世尊を見上げたまま立ちどまっていた。世尊はそのときマハー＝プラジャーパティ＝ガウタミーに語った。

「ガウタミーよ、何故にあなたは落胆して立ちどまり、如来を見上げているのですか。」

「妾は未だ世尊から、この上なく完全「さとり」を達成すると。名も挙げられてもいませんし、予言も授けられていないのです。」

「しかし、ガウタミーよ、すべての会衆に対して予言をしたことで、あなたも予言を授けられているのです。だが、あなたはこののち三十八・千万億の仏たちのもとで、かれらを崇め尊び、敬慕し、供養し、讃歎し、礼讃して、偉大な志を持つ求法者となり、教えを説く者となるでありましょう。学修中あるいは学修の完了した尼僧たちの中で、これら六千人の尼僧も、あなたと一緒に、これらの如来のもとで求法者となり、教えを説く者となるでありましょう。こうして、さらにそののち、求法者としての修行を完成して、一切《いっさい》衆生喜見如来《しゅうじょうきけんにょらい》という如来となって、この世に現われられるでしょう。そして、一切衆生喜見如来は、これら六千人の求法者が順次に予言を繰り返して、この上なく完全な「さとり」を達成すると、予言するでしょう。」学識と勝れた所行を具え、この上ない幸いに到達して、最もよく世間を知り、人間を訓練する調教師であり、神々および人間の教師であり、仏であり、世尊となられるでありましょう。そして、一切衆生喜見如来は、これら六千人の求法者が順次に予言を繰り返して、この上なく完全な「さとり」を達成すると、予言するでしょう。」

そのとき、長老ラーフラの母、ヤショーダラー尼はこのように考えた。

「世尊は未だ妾の名を挙げられない。」

すると、世尊はヤショーダラー尼が心の中で考えたことを察し、ヤショーダラー尼にこのように語った。

「ヤショーダラーよ、おまえに話しておこう。おまえもまた十・千万憶の仏たちのもとで、かれらを崇め尊び、供養し、讃歎し、礼讃して、偉大な志を持つ求法者となり、教えを説く者となろう。そして、求法者としての修行を順次に完成して、善き国の世界において、具足千万光相如来《ぐそくせんまんこうそうにょらい》という如来となって…（中略）…仏となり、世尊となるであろう。

そして、この具足千万光相如来の寿命の長さは測られないであろう。」

　そのとき、六千人の尼僧を従えたガウタミー尼と四千人の尼僧を従えたヤショーダラー尼とは、世尊から親しく、この上なく完全な「さとり」を完成するという自身に対する予言を聴き、不思議に思うとともに奇異の念に駆られた。

「世尊よ、妾たちも、如来が入滅されたのちに、たとえ他の世界にいましても、この経説を宣揚することに努めます」と。

　そこで、世尊は、記憶力をもって、ひるむことなく教えの車輪を回しつづける八十・千万憶の求法者たちを見渡した。その瞬間に、これらの求法者たちは座席から立ち上がって、世尊に向かって合掌をし、このように考えた。

「世尊は、この経説を宣揚することを、われわれに命ぜられるのか。」と、このように考えたかれらは当惑し、おたがいに話し合った。

「みなさん、世尊が将来この経説を宣揚するよう命ぜられるとすれば、わたしたちはどのようにすべきであろうか。」

　そのとき、これらの良家の息子たちは世尊に対する尊敬の念から、またかれら自身の前世における修行と誓願によって、世尊の前で獅子の咆えるような声をとどろかせた。

「世尊よ、如来が入滅されました未来には、十方に赴いて、世尊の威光により、この経典をすべての衆生に書き写させ、読誦させ、常に思い起こさせて、宣揚するでありましょう。そして、世尊は、たとえ他の世界にいられても、われわれをお守りくださるであろう。」

◇　◇

最後にふたりの女性に対し、「ジュキ」が授けられます。

ガウタミーに対する言葉の中で、一切衆世喜見如来が自ら「ジュキ」を授けると、直ちにその求法者たちは各世界で如来となり、瞬《またた》く間に全創造世界にいるすべての弟子たちに、順次に予言が繰り返されるという事が説き明かされます。

ヤショーダラーに対する言葉によって、「ジュキ」によって生まれる世界には果てが無いことが説き明かされ、そして全ての弟子たちがビッグバンを起こし、生まれ変わった世界でこの経典を見つけ、広め、そして自らも仏となり、「ジュキ」を授け、その連鎖の果てに世界を滅尽させることを現しています。

こうして釈迦の「ジュキ」は完成します。

それは、この世界は全ていずれかの如来から「ジュキ」を受けた大菩薩の神通力によって生まれた世界であり、この「ジュキ」のメカニズムによって、全創造世界が生み出され、維持され、完成され、そして再生を繰り返すことが解き明かされ無に帰する。それを説明することによって法華経は幕を閉じます。

これを第四段階の如来における「全創造世界の完成」と言い、真空の認識作用が釈迦によって完全に満たされ滅尽し、空の状態に戻ったことが説明されます。

◇　◇

こうして、如来の導きによって、当時釈迦の弟子となり、解脱させてもらい、真空に戻り、さらに始まっていない状態の中で「ジュキ」を受け、各自がビッグバンという始まりを作り、その瞬間、各世界へと旅立ち、そこで修行し、菩薩となり、さらに転生し、如来となった弟子たちは始まっていない状態の中に各世界の弟子たちを誘い、同時に同じ瞬間、同じひとつの場において「ジュキ」を授け、永遠の始まりを作り、その世界に如来と菩薩と四種の会衆というブッダの家族を作り、終わることなくこの「ジュキ」の連鎖を作り続けているのです。

そのため、あなたがどんな世界に生まれようとその世界の過去には如来がいて、その教えが弟子たちによって広められているのです。

この設定だけは、どんな現世に生まれ変わっても変わらず、そのためこの世界でも釈迦という如来がこの文明の過去の正法の時代に教えを説いているというわけです。そして過去世で優れた仏弟子であったあなたは今、その釈迦如来の教えの解説書であるこの本を手に取り、この全創造世界の仕組みを理解しているというわけなのです。

そしてこれが、誰が何のためにどうやってビッグバンを起こし、無限の世界を作り、その全ての世界、その全ての現世に住む生きとし生ける全ての命が、如来となり宇宙を完成させる姿、すなわち「空」なのです。

32　エピローグ

二十一世紀の現代、人類全体はこれまで個人の利益のみを追求し、その結果、国と国、民族と民族、そして個人と個人は終わりのない競争の中に身をおくことになりました。

自分の利益のみを追い求める世界。これはまさに、これまでの時代が小乗の時代だったということです。

そして、その結果、個人も国家も民族もすべては追い詰められ、すでに行き場のない状態へと追いやられてしまいました。ストレス、戦争、差別、貧困、環境破壊、もはや自己の利益のみを追求しているだけでは人類全体が成り立たなくなってしまったのです。

果たして人類は、ダイバダッタの教団のように地上から消え去ってしまう運命なのでしょうか。それとも仏の教団のように己の持っている素晴らしいものを分かち合い、相手の持っている素晴らしさを認め合い、ひとつの真理の下に民族と国家、個人と個人との対立を超えた新しい大乗の思想へと行き着くことができるのでしょうか。

世界全体が小乗から大乗の時代へと変わらねばならない時が、今、来ているのです。

そしてそれが、仏が末法の時代に残した願いであり、現在、世界中に生まれ変わった仏弟子たちが、再びこの世界に蘇らせるべき仏法の真髄なのです。

菩薩たちよ、立ち上がれ！

宗教と科学を超えた新しい思想にたどり着くまで！

我が「ジュキ」により授けられた
「現一切色身三昧」の力により、
自らビッグバンを起こし、
その世界ですべての生きとし
生けるものはみな如来となり、
全知全能の存在となれることを教えよ！

あとがき

本書は、すでに過去世でいずれかの世界において、如来から「ジュキ」を受けた「第二段階の菩薩の悟り」をすでに得ている人にとっては衝撃的な一冊となるでしょう。

そして、「ジュキ」は受けていないが、過去世で正しく仏教を学び、その流布に貢献した徳高き行いをしたアラハンたちが読むと、高い鼓動と胸騒ぎと共に一瞬でこの本に書かれていたことが真実であると悟ります。

また、逆に本書を読み、蔑みの気持ちや怒りを持つ人は、それは仏による、その者に対する怒りなのです。

本書は仏の力によって書かれており、手にした人が即座に、自らの本性を表にさらけ出す力があります。また、ここで注意して欲しいのは、この本はあえて多宝塔《たほうとう》の説明が載っていないことです。本物の教えを説く時、必ずそこに多宝塔が現れる事を、釈迦は断言しています。

この世界には、釈迦の法華経以外に多宝塔が出現した教えはありません。

つまり、釈迦は本物の教え、全創造世界を完成させる如来の最高度の教えは、自身の『法華経』だけであることを断言しています。

もし、次作を書く機会があれば、そこに私も多宝塔を出現させ、余すところなくその意味を説き明かす予定です。

あるいはそれは、今生「ジュキ」を受けた、あなたが生まれ変わった先の世界の「如来の第五の教え」の中に、如来となるべくあなた自身が見い出し、説き明かすべき教えなのかもしれません。

また、この場を借りて私の長年の活動を支えてくださった奥村さん、奥平さん、加藤さん、白井さん、土屋さん、武内さん、大野さん、松本さん、鬼鞍さん、西塚さん、橋本さんに感謝の意を捧げさせていただきます。

著者

引用文献

『法華経』上・中・下（坂本幸男・岩本裕　訳）岩波文庫

著者
Koji Komiya（コージ コミヤ）
『Koji's Deep Max』『人間を越えた人のためのチャンネル』といった動画サイトを主宰するYoutuber。著書多数。料理から盆栽いじり、コミックからロックンロール、国際政治経済から金融、軍事、都市伝説から世界の虚構、相対量子論から統一場理論、量子テレポーテーションから平行世界移動、魔界から天界、神々の世界から仏の悟り、ビッグバンの起こし方から宇宙の完成に至るまで、地球と全創造世界を構成するサブカルチャーからメインカルチャーに至るまで造詣が深い。

偉大《いだい》なる仏教《ぶっきょう》への門《もん》

2023年6月14日　初版第1刷発行
著　者　Koji Komiya
発行者　友村太郎
発行所　知道出版
〒101-0051 東京都千代田区神田神保町1-11-2 3F
TEL 03-5282-3185 FAX 03-5282-3186
http://www.chido.co.jp
印　刷　音羽印刷

ISBN978-4-88664-356-8